Zwischen Rätesozialismus und Reformprojekt

Lesebuch zum
70. Geburtstag
von
Peter von Oertzen

Herausgegeben von Karin
Benz-Overhage, Wolfgang
Jüttner und Horst Peter

Die Deutsche Bibliothek - CIP-Einheitsaufnahme

Zwischen Rätesozialismus und Reformprojekt : Lesebuch zum 70. Geburtstag von Peter von Oertzen / Karin Benz-Overhage ... (Hrsg.). - Köln : spw-Verl., 1994
  ISBN 3-922489-17-6
NE: Benz-Overhage [Hrsg.]; Oertzen, Peter von: Festschrift

Redaktion:	Susi Möbbeck, Bremen; Jadranka Thiel, Kamp-Lintfort
Umschlag:	Judith Nußbaum, Köln
Satz:	Ralf Schmitz, Leverkusen
Druck:	Nolte-Druck, Iserlohn

Inhaltsverzeichnis

Vorwort der HerausgeberInnen 7

Wolfgang Thierse:

Was bleibt vom Sozialismus? 11

Ernest Mandel:

Alle Macht den Räten
Bekenntnis eines notorisch-unbeirrbaren Linken 19

Jakob Moneta:

Von den Räten zu den Betriebsräten
Die Vergangenheit ist noch nicht vergangen 27

Arno Brandt/Wolfgang Jüttner:

Worin die freie Entwicklung eines jeden ...
Zur Aktualität des demokratisch-sozialistischen
Denkens bei Peter von Oertzen 37

Oskar Negt:

Das anstößige Jahr '68 und das Problem einer
Neubestimmung von Sozialismus 47

Uwe Kremer:

Über den Reformismus und seine Kritiker 59

Frieder Otto Wolf:

Die Alternativen „nach dem Kommunismus"
Einige elementare Fragen des heutigen Marxismus 67

Joachim Raschke:

Die leidige, ungelöste Organisationsfrage 73

Hermann Scheer:

Die 80er Bewegung und ihre ideologische
Zukunftsblindheit 81

Heidemarie Wieczorek-Zeul:

Für ein ökologisch-solidarisches Zukunftsprogramm 91

Ludger Volmer:

Change now!
Über Krise, Solidarität und Rot-Grün 97

Michael Vester:

Alltagsbewußtsein und Gegenmacht
Bedeutet die 'Individualisierung' das Ende
solidarischer Reformbewegungen? 105

Helmut Schauer:

Die Industriegewerkschaft und was dann?
Anmerkungen zur gewerkschaftlichen
Reformdebatte 117

Jürgen Seifert:

Chancen von BürgerInnenpolitik gegenüber
den Parolen von „rechts"?
Plädoyer wider die Perspektivlosigkeit in der SPD 129

Thomas Westphal:

Jugend und Reformprojekt 139

Edelgard Bulmahn:

Technik als
politisch-gesellschaftliche Gestaltungsaufgabe 149

Elmar Altvater:

Fallstricke im ökologischen Diskurs
und wie sie vermieden werden können 157

Horst Peter:

Mehr Demokratie wagen II 169

Die AutorInnen 177

Vorwort der HerausgeberInnen

Peter von Oertzen ist dieses Buch gewidmet, unserem Freund, unserem Lehrer, unserem politischen und wissenschaftlichen Wegbegleiter, unserem Streitpartner. „Zwischen Rätesozialismus und Reformprojekt": *„Zwischen"*, das ist in vielem auch eine Standortbestimmung für Positionen, die Peter von Oertzen eingenommen hat.

Peter von Oertzen hat für LinkssozialistInnen innerhalb und außerhalb der SPD eine bedeutende Rolle gespielt, als Sozialdemokrat oft zwischen den Fronten. Zwischen rätedemokratischen Zielen, reformerischer Regierungspolitik, Neuer Linker und innersozialdemokratischer Strategiediskussion, vom Godesberger bis zum Berliner Programm der SPD - Peter von Oertzen hat sich streitbar eingemischt, eckt an und bietet Bezugspunkte.

Peter von Oertzen war und ist über Jahrzehnte eine *„öffentliche Veranstaltung"*. Der rote Professor, der zu Beginn der 70er Jahre als Kultusminister die Schul- und die Hochschulreform vorantrieb und von den niedersächsischen Medien verfemt wurde; der mit Egon Franke die Figur der traditionellen Sozialdemokratie aus dem Sessel des hannoverschen Bezirksvorsitzenden kippte; der mit Leidenschaft über Wein philosophieren, aber mit gleicher Intensität Kritik über seine innerparteilichen Widersacher gießen konnte. Eine Persönlichkeit, die Orientierung gab, an der sich abzuarbeiten immer lohnte, die aber als Integrationsfigur absolut untauglich war (und ist), an dem sich die Geister eher geschieden haben.

Obwohl Peter von Oertzen nach klassischem Verständnis herausgehobene Funktionen in der Sozialdemokratie wahrgenommen hat (1970 - 1983 Bezirksvorsitzender, 1973 - 1993 Mitglied des Parteivorstandes, lange Jahre Landesausschußvorsitzender in Niedersachsen), resultiert seine politische Bedeutung mehr aus der programmatischen Arbeit, die er beispielsweise in der Kommission Orientierungsrahmen 85 wahrgenommen hat, seinem Engagement in der Leitung der Parteischule und seiner publizistischen Tätigkeit in zahllosen Aufsätzen zur Programmatik der Linken wie als Grenzgänger zu den Gewerkschaften wie auch den neuen sozialen Bewegungen. Die Themen wie die Autoren dieses Buches dokumentieren die Breite seines Wirkens.

Hans-Jochen Vogel, dessen Integrität und Solidität Peter von Oertzen in den letzten Jahren sehr geschätzt hat, hält bezeichnenderweise auf die Bitte von Peter von Oertzen auf der Festveranstaltung die Laudatio zum 70. Geburtstag und skizziert seine Rolle als Marxist in der SPD.

Mit Ernest Mandel verbindet Peter von Oertzen eine lange Freundschaft; er holte ihn Anfang der 70er Jahre zu einer Veranstaltung nach Hannover, als dieser bei Genscher noch auf der Liste der unerwünschten Personen stand. Übereinkunft im Antistalinismus und die wissenschaftliche Bearbeitung des Rätegedankens waren die vorrangigen gemeinsamen Bezugspunkte.

Jakob Moneta, klassenkämpferischer Gewerkschafter, war in vielen Redaktionskonferenzen einer der wichtigsten Kooperations- und Streitpartner im Kampf um betriebs- und gewerkschaftbezogene Arbeitseinsätze. Arno Brandt und Wolfgang Jüttner skizzieren die Bemühungen Peter von Oertzens, die Sozialdemokratie für authentische sozialistische Positionen offenzuhalten und dem Sozialismus - entgegen neueren Bestrebungen - ein Heimatrecht in der deutschen Sozialdemokratie zu belassen.

Wer Peter von Oertzen gerecht werden will, entzieht sich der Huldigung und widmet sich inhaltlichen Fragen. Auch in der Retrospektive wird Historie zum Baustein für die Zukunft. Westdeutsche Politik denkt bei 1968 vornehmlich nicht an Prag, sondern an „die Stätten" studentischer Protestbewegegung.

Peter von Oertzen hat *während* der studentischen Protestbewegung keinen nennenswerten Einfluß ausgeübt, aber er hat mit seinen wissenschaftlichen Arbeiten (Rätediskussion) und der praktischen Arbeit in kleinen Zirkeln und Publikationen den Boden bereiten helfen, er hat aber vor allem zwischen 1970 und 1974 einen wichtigen Beitrag zur Integration linker sozialwissenschaftlicher Theorien in den Wissenschaftsbetrieb mit seiner Berufungspolitik geleistet.

Der Bezugspunkt Gewerkschaften hat für Peter von Oertzen einen anderen Stellenwert bekommen. Er spürt dem sozialen Wandel nach durch Initiierung und Mitarbeit in einem Forschungsprojekt über neue soziokulturelle Milieus (vgl. den Beitrag von M. Vester) und begleitet seit Gründung intensiv die Programmdebatte der Grünen durch kritische Nachfragen und kooperative Anregungen.

So verwundert nicht, daß unser Buches auch thematisiert, wie das Reformprojekt der Zukunft aussieht. Es setzt sich - natürlich - auseinander mit den Parolen von rechts, die in Phasen gesellschaftlicher Desillusionierung Chancen zur Revitalisierung erblicken, nimmt die Gedanken einer umfassenden Demokratisierung neu auf und entwickelt ein neues Verhältnis zwischen ökonomischen und ökologischen Bedarfen.

Das analytische Instrumentarium des marxistischen Wissenschaftlers Peter von Oertzen hat Zukunft. Er hat sich nie für Alltagspolitik instrumentalisieren lassen und begrüßt deshalb die ökologische Herausforderung als substantielle Angelegenheit unserer materiellen Existenz.

Wolfgang Thierse

Was bleibt vom Sozialismus?

Die Umbrüche in Osteuropa sind unblutig verlaufen. Eine „friedliche Revolution" hat stattgefunden, die wohl eher ein revolutionärer Zusammenbruch war - weder heroische Revolution, noch bloß schäbiges Ende. Der reale Sozialismus hat jedenfalls abgedankt. Die Sowjetunion ist nicht mehr, die einst allmächtige KPdSU ist kurzerhand per Dekret verboten worden. Es besteht kein Anlaß, den Unterdrückungsmaschinen Gulag und Stasi nur eine Träne nachzuweinen. Aber auch mit dem Ende der Ost-West-Konfrontation sind die großen Zukunftsprobleme nicht gelöst. Doch im Westen ist die Linke heute weitgehend orientierungslos, als sei sie mitschuldig an dem Debakel des leninistischen Dogmas. Sie hat ihr politisches Koordinatensystem verloren, ist scheinbar erstarrt vor dem Oggersheimer Selbstbewußtsein. Dagegen macht sich im Osten Enttäuschung breit, nachdem unrealistische Hoffnungen, von Kohl und Co. gefördert, an den harten ökonomischen Realitäten wie ein Kartenhaus zusammenbrechen. Von der Aufbruchstimmung aus dem Herbst 1989 ist wenig übriggeblieben. Übellaunigkeit und Resignation bestimmen das Bild.

So sind heute viele stumm und apathisch, wo im Nachtrag zu den Ereignissen auch noch die geistige Guillotine aufgestellt wird: Ein für allemal soll Schluß sein mit der Infragestellung des Gegebenen. Nach dem Ende soll nicht nur die Perversion, sondern auch die Idee hingerichtet werden. Die Rede ist vom Sozialismus. Sein Ende wird allenthalben ausgerufen, symbolisch begangen, beschworen, gefeiert. Doch es ist vor allem für die Menschen im Osten keine akademische Frage, was denn da zu Ende gegangen ist. Den realen Sozialismus haben die Menschen im Osten Deutschlands und in Osteuropa nicht nur als Idee, sondern vor allem als bittere Realität erfahren. Ob nun das Wort Sozialismus vielleicht noch übrig bleibt, ist fraglich, weil es vor allem als Knüppel gebraucht worden ist, der auf unsere Köpfe geschlagen wurde.

Was ist also in der DDR und in Osteuropa gescheitert? Was ist im Zusammenbruch ihres politischen und ökonomischen Systems zu Ende gegangen? Das ist kein akademisches Problem, da sind reale Biographien hineinverstrickt. Es ist für die Linke, es ist vor allem auch für die Sozialdemokratie und die Gewerkschaften keine folgenlose Debatte.

Auf die Frage, was da gescheitert ist, was zu Ende gegangen ist, kann es keine ganz schnelle Antwort geben. Deshalb bin ich besorgt über die allzu flotten Formeln, die es überall gibt. Wer jedoch über die Zukunft der Linken redet, der darf sich nicht nur gegenüber dem Konservatismus, der dazu freilich in der letzten Zeit wieder reichlich Anlässe gibt, abgrenzen, der muß in erster Linie verarbeiten, was mit dem Zusammenbruch des realen Sozialismus in den Köpfen und mit den Emotionen geschehen ist und welche Schlußfolgerungen sich daraus auch für uns ergeben. Ich beobachte, stark vereinfacht, vier unterschiedliche Antworten auf die Frage, was gescheitert ist und was vielleicht bleiben soll.

Die erste Antwort, sie kommt in erster Linie von konservativer Seite, ist schlicht: „Der Sozialismus ist insgesamt gescheitert". Die populärste Version stammt von Norbert Blüm, der in Warschau ausrief: „Marx ist tot und Jesus lebt." Aber so wenig ich vorher geglaubt habe, daß Jesus ganz tot ist, so wenig bin ich jetzt sicher, daß Marx ganz gestorben ist. Dennoch ist dies die verbreitetste Antwort: Der Sozialismus sei als solcher gescheitert, der Kapitalismus dagegen alternativlos geworden. Auch „dritte Wege" hätten sich als Illusion erwiesen. Nun gelte es, Abschied von utopischen Lebenslügen zu nehmen. Die soziale Marktwirtschaft sei, so wie sie ist, die einzig verbliebene Alternative. Die Zeitungen, die Feuilletons, die Köpfe der Menschen sind voll von dieser Überzeugung.

Eine zweite Antwort, ich weiß nicht, ob ich sie sozialdemokratisch nennen soll, lautet: „Das, was im Osten geschietert ist, das war kein wirklicher Sozialismus, sondern nur dessen reale Perversion." Das Sprachspiel verrät den intellektuellen Trick: Es war kein wirklicher Sozialismus in dem Sinne, wie Sozialdemokraten ihn als demokratischen Sozialismus formuliert haben, es war nur der reale Sozialismus, so wie er in Osteuropa definiert worden ist. Sicherlich ist es richtig, daß der Begriff „realer Sozialismus" von der westeuropäischen Linken als Kritik an dieser Form des Sozialismus entwickelt worden ist.

Richtig an dieser Einschätzung scheint mir auch zu sein, daß die gesellschaftlichen Zustände in der DDR, in der UdSSR oder auch in anderen Ländern des Ostblocks nicht den Vorstellungen entsprachen, die sich die Theoretiker des Sozialismus, insbesondere der Sozialdemokratie - egal, ob ich dabei an Marx, Kautsky, Bernstein, ja sogar an Lenin denke - vom Sozialismus gemacht haben. Aber die Antwort bleibt dennoch in Wahrheit ein intellektueller Trick, der es sich zu leicht macht. Es ist nunmal die bittere Wahrheit, daß es bisher keine andere Verwirklichung des Sozialismus als System gegeben hat als das der realen Unterdrückung. Und mit dieser bitteren Wahrheit muß sich jeder auseinandersetzen, der ernstgenommen werden will. Da hilft keine feinsinnige Unterscheidung zwischen wirklich und real.

Eine dritte Antwort läßt sich journalistisch locker auf den Satz bringen: „Marx ist tot, Lenin ist tot, aber Bernstein lebt!" Oder: Der marxistisch-leninistische Sozialismus ist gescheitert, aber der Revisionismus Eduard Bernsteins hat gesiegt. Richtig daran scheint mir zu sein, daß sich die politische und theoretische Orientierung Lenins auf Karl Marx bezog, seine dann ab 1921 umgesetzten Vorstellungen einer zentralstaatlich gelenkten Ökonomie waren - abgesehen von erheblichen Unterschieden in anderen Fragen - durchaus bei Marx und Engels entlehnt. Die Lenin'sche Version des Sozialismus kann sich mit guten Gründen auf Marx beziehen.

Eine vierte Antwort, die ich beobachte, ist eine Filterantwort, nennen wir sie die linkssozialistische Sicht. Sie könnte heißen: „Stalin und Lenin sind hoffentlich endgültig tot, aber Marx lebt und er muß leben bleiben." Nach dieser Auffassung ist nur der Marxismus-Leninismus in seiner stalinistischen Prägung gescheitert und die Parole müßte jetzt lauten: „Zurück zu Marx." Dies ist eine der ältesten Debatten der europäischen Linken, spätestens seit den dreißiger Jahren, ob Stalin die Theorien von Marx und Engels verfälscht hat. Deshalb muß hier auch die Frage von Ernst Bloch wiederholt werden, die schon über 50 Jahre alt ist: „Hat der Stalinismus den Marxismus bis zur Unkenntlichkeit verzerrt oder hat er ihn erst zur Kenntlichkeit gebracht?" Diese Frage muß nun vor dem Hintergrund der realen Erfahrungen von mehr als 70 Jahren, von der Russischen Revolution 1917 bis zur Selbstauflösung der Sowjetunion, beantwortet werden.

Die kritische Aufarbeitung der Theorie- und der Verwirklichungsgeschichte des Sozialismus, insbesondere des sogenannten Realsozialismus, ist noch immer notwendig und wir haben sie noch lange nicht hinter uns. Diese Frage läßt sich für die politische Linke nicht wegschieben, die kritische, ja selbstkritische Aufarbeitung der Theorie und Wirklichkeit des Sozialismus ist eine Sache, die sie insgesamt angeht, also auch die Sozialdemokraten im westlichen Teil Deutschlands, obwohl sie immer haben sagen können, wir haben damit nichts zu tun gehabt, denn das war nicht unsere Auffassung von Sozialismus.

Es gibt eine Erklärungsnotwendigkeit, warum sich dieser Sozialismus, der sich in der Sowjetunion und in Osteuropa herausgebildet hat, so entwickeln konnte. Hierbei wird oft auf historische Sonderbedingungen verwiesen, so auf Sonderbedingungen gegenüber Karl Marx und seiner Theorie. Doch dieses traditionelle Erklärungsmuster ist nicht hinreichend. Denn damit allein läßt sich die Dogmatisierung des Leninismus und erst recht des Stalinismus nicht erklären. Auch nicht die Entwicklung unter Breschnew oder anderen Machthabern Osteuropas. Bei allen historischen Sonderbedingungen, die gar nicht zu bestreiten sind, bleibt, soll es nicht nur Ablenkung sein, noch immer die Frage, die immer wieder buchstabiert werden muß: Was ist mit dem realen sozialistischen Weg seit der Oktoberrevolution wirklich gescheitert? Dazu will ich ein paar Stichworte nennen, damit wir uns verständigen können.

1. Gescheitert ist, Sozialismus ohne Demokratie zu verwirklichen, ja verwirklichen zu wollen.
2. Gescheitert ist Sozialismus als Form von Parteiherrschaft mit einem demokratischen Zentralismus, der in Wahrheit nur autoritäre Entscheidung von oben nach unten war.

3. Gescheitert ist Sozialismus als durchgängig verstaatlichte und zentralisierte Wirtschaftsordnung.
4. Gescheitert ist Sozialismus als Versuch, alle Prozesse von Wirtschaft und Gesellschaft wie eine Maschine zu verstehen und von oben planmäßig zu steuern.
5. Gescheitert ist Sozialismus, der sich nicht auch und im notwendigen Umfang der Steuerungsmechanismen des Wettbewerbs bedient.
6. Gescheitert ist Sozialismus ohne Wirtschaftsdemokratie, d.h. ohne Mitgestaltungs- und Kontrollrechte der Arbeitenden.
7. Gescheitert ist Sozialismus, der den Menschen und seine Produktionsformen nicht als Teil der Natur auffaßt und entsprechend bewahrend mit ihr umgeht.
8. Gescheitert ist Sozialismus, der die älteren Herrschaftsformen des Patriarchats nur als Nebenwiderspruch des Klassenproblems auffaßt.

Ich denke, mindestens auf diese acht vereinfachten Thesen können wir uns einigen. Dennoch bleibt die Frage, ob mit dem Scheitern einer realen Praxis des Sozialismus der Kapitalismus alternativlos geworden ist. Alternativlos in einer Situation, in der wir einerseits begreifen, daß der westeuropäische Kapitalismus in einigen Fragen dem realen Sozialismus deutlich voraus ist, aber auch andererseits neue (und alte) Bedrohungen schärfer sehen. Die westlichen Gesellschaften gewährleisten der Bevölkerung eine breitere demokratische Teilhabe. Eine sehr viel breitere gegenüber dem, was die Menschen in Osteuropa erlebt haben. Und die kapitalistische Gesellschaft bietet Ansätze einer gemischten Wirtschaftsordnung, in der Markt und Staat ihren Raum haben, und die sich der Prozesse der Wettbewerbssteuerung bedient. Genau dies hat sich der realsozialistischen Ökonomie als deutlich überlegen erwiesen.

Aber es bleiben die negativen Seiten. Der Vorrang des Prinzips der Kapitalverwertung vor gesellschaftlichen Zielen: Mit katastrophalen Folgen geht die Produktion auf Kosten der Natur, die immer gefährlicher, aber auch immer unübersehbarer werden. Und schließlich geht die Produktion zu Lasten der Zukunft, national und erst recht in den Entwicklungsländern. Während sich hier in Westeuropa durch die wiederkehrende Krisenhaftigkeit und durch die Folgen der Arbeitslosigkeit eine Zwei-Drittel-Gesellschaft herausgebildet hat, verfestigt sich global eine Verteilung der Lebenschancen zwischen 20% reichen und 80% armen Menschen.

Das Scheitern des realen Sozialismus hat die kapitalistische, die westliche Gesellschaft nicht besser gemacht als sie vorher war, als ihr Schein in der Auseinandersetzung mit dem System Osteuropas noch stärker getrogen hat. Jetzt stellen sich auch im Westen die Probleme deutlicher. Deshalb ist es wichtig, nach Änderungsmöglichkeiten und Alternativen zu fragen. Was heißt vor dem Hintergrund dieser Beobachtung „demokratischer Sozialismus"?

Seine Ziele sind nicht erledigt. Im Berliner Grundsatzprogramm der SPD stehen folgende Grundgedanken: „In der Wirtschaftsdemokratie haben gesellschaftliche Ziele Vorrang vor den Zielen privatwirtschaftlicher Kapitalverwertung. Nicht wirtschaftliche Macht oder marktbeherrschende Unternehmen dürfen der Politik den Handlungsrahmen vorgeben, sondern demokratisch legitimierte Entscheidungen müssen im Rahmen des Gemeinwohls Rahmen und Ziele für wirtschaftliches Handeln setzen. Ökologisch und sozial verantwortbares Wirtschaften läßt sich nur erreichen, wo der Vorrang demokratischer Entscheidungen vor Gewinninteressen und Wirtschaftsmacht durchgesetzt wird."

Ich finde es beunruhigend, daß dieses Berliner Programm ein wenig in Vergessenheit geraten ist. Dafür gibt es Gründe. Die Partei, die SPD, hatte ausführlich diskutiert, aber plötzlich veränderte sich die Wirklichkeit in Deutschland und Europa. Wenn man sich daran erinnert, dann kommt man schnell zu der These, daß sich dieses Programm im Rückblick als ein Programm der achtziger Jahre erweist. Es ist in vielen Teilen aus dem Blickwinkel einer geteilten Welt geschrieben. Doch schon im Jahre 1991 war die prägende Kraft des Ost-West-Gegensatzes verschwunden, während neue Auseinandersetzungen, insbesondere zwischen Nord und Süd, zwischen Natur und Gesellschaft, an Schärfe gewinnen. Es ist nicht überraschend, daß das Berliner Programm in vielen Teilen ein westdeutsches Programm ist und auch gar nicht anders sein konnte. Die innenpolitische Hauptaufgabe, mindestens des nächsten Jahrzehnts, wenn nicht noch länger, ist die Verbesserung der Lebensbedingungen in Ost- und Westdeutschland, sicher auch in West- und Osteuropa, und die Herausbildung einer gemeinsamen deutschen Identität. Dafür findet sich, wie könnte es auch anders sein, im Berliner Grundsatzprogramm noch keine Überlegung.

Während das Programm sehr präzise strategische Vorstellungen für den ökologischen und sozial-verträglichen Umbau der Industriegesellschaft entwickelt, geht es nunmehr um eine aktive Industriepolitik, zunächst für den Erhalt von nur mit großer Mühe sanierungsfähigen Wirtschaftsstrukturen im Osten Deutschlands, die bedroht sind, vollständig zerschlagen zu werden. Deutschland bliebe, wenn diese Gefahr Wirklichkeit würde, auf mittlere Sicht, ähnlich wie die Teilung Italiens am Mezzogiorno, in einen reichen industriellen Westen und in einen entindustrialisierten armen Osten gespalten.

Das Programm ist aber auch deswegen ein westdeutsches Programm, weil es die lebensgeschichtlichen, politischen und kulturellen Erfahrungen der Menschen des Westens zu seiner Grundlage hat. Die Befindlichkeiten der ostdeutschen Landsleute können damit nur unzulänglich erreicht werden. Dies hat sich besonders im Wahlkampf 1990 gezeigt, als die einfachen Parolen von Helmut Kohl auf deutlich mehr Zustimmung getroffen sind als die sehr viel stärker im westlichen Milieu verankerte Wahlkampfführung von Oskar Lafontaine. Hier wird nach wie vor die größte innenpolitische Aufgabe liegen, das Zusammenwachsen von Menschen aus zwei unterschiedlichen und ungleichzeitigen Gesellschaften und Erfahrungszusammenhängen Wirklichkeit werden zu lassen. Dennoch bleibt das Berliner Programm in seinen Grundaussagen zukunftsfähig. Aber es ist auch richtig, daß es aktualisiert und profiliert werden muß.

Der Begriff des Sozialismus ist in den letzten 70 Jahren besudelt und beschmutzt worden. Wenn wir diesen Begriff dennoch verteidigen, müssen wir viel erklären, relativieren und sortieren. Ich will an dem Begriff Sozialismus festhalten, an dem, was ihn ausmacht: Die Ideale der sozialen Gerechtigkeit, der Toleranz, der Demokratie und der Freiheit für die vielen und in allen Bereichen der Gesellschaft. Also deklinieren wir in der Zukunft unser Verständnis von Sozialismus konkreter. Nachdem nun der Kapitalismus angeblich gesiegt hat, und noch immerfort sich zu Tode siegt, wird es auf einmal unendlich wichtig, über die Notwendigkeit eines „Sozialismus im Kapitalismus" nachzudenken. Der Triumph des Kapitalismus macht die Arbeit an seiner Umgestaltung jedenfalls nicht weniger zwingend, als dies bisher war - vielleicht sogar noch wichtiger.

Ernest Mandel

Alle Macht den Räten

Bekenntnis eines notorisch-unbeirrbaren Linken

Rätesozialismus bildet eine Gesellschaftsordnung, in der die Masse der Bevölkerung in selbstverwaltender, selbstbestimmender Weise darüber entscheidet, was produziert wird, wie es produziert wird, und wie ein entscheidender Teil der Produktion nicht mehr über den Markt, sondern nach den Regeln der Bedarfsdeckung verteilt wird. Dies erfordert die Übernahme der wichtigsten Produktions- und Verteilungsmittel durch die Gesellschaft in verschiedenen - wenn nötig kombinierten - Formen der Vergesellschaftung, sowie die demokratisch durch die Gesellschaft selbstbestimmten Prioritäten in der Verwendung der Wirtschaftsressourcen. Sie stellt demnach einen dritten Weg dar für das Wirtschaftsleben, weder jenen der staatlichen Kommandowirtschaft (stalinistischen und nachstalinistischen Typus) noch jenen der Marktwirtschaft (inklusive der sogenannten „sozialen Marktwirtschaft"). Das bedeutet nicht, daß Rätesozialismus notwendigerweise ein totales Verschwinden marktwirtschaftlicher Mechanismen und Prozesse beinhaltet. Darüber sollte die Mehrheit der ProduzentInnen, VerbraucherInnen bzw. BürgerInnen selbst demokratisch entscheiden.

Aber es bedeutet allerdings, daß die Verfügungsgewalt über die bedeutendsten Wirtschaftsressourcen dem Markt entzogen wird, daß die „Marktgesetze" und der Zwang zu Rentabilität, Profit und persönlicher Bereicherung nicht mehr die Dynamik, die Entwicklungstendenzen von Wirtschaft und Gesellschaft bestimmen. Dies setzt das Bestehen eines Wirtschaftsplans voraus. Ohne einen solchen Plan können die festgesetzten Prioritäten im Bereich der Arbeitszeit und der Konsumwahl nicht verwirklicht werden. Zwischen verschiedenen Planvarianten entscheiden die Räte selber.

Der Einwand, daß wenn alle über alles zu entscheiden hätten, dies zu einer permanenten „Versammlungsgesellschaft" führen würde, die die aktive Teilnahme der BürgerInnen aus

Unlust reduzieren würde, ist unangebracht. Rätesozialismus setzt ein gestaffeltes System von Räten voraus, in dem die Faustregel gelten würde, daß in jedem Bereich nur darüber diskutiert wird, was dort entschieden werden kann. Über die Organisation des Ortsverkehrs in Stuttgart muß kein gesamtdeutscher, europäischer oder gar weltweiter Rätekongreß entscheiden. Wenn einmal der gewählte Produktionsplan feststeht, hätten die ProduzentInnen jedes Betriebs das Recht, ihre Arbeitsweise selbst zu organisieren. Wenn ein Betriebsrat beschließt, das Planziel in 10 anstatt 20 Stunden pro Woche erzielen zu können, bei gleichzeitiger strengster Qualitätskontrolle seitens der KonsumentInnen, so wäre er dazu durchaus berechtigt.

Das bedeutet ebenfalls, daß Rätesozialismus nicht nur eine wirtschaftliche, sondern auch eine gesamtgesellschaftliche Alternative sowohl gegenüber der kapitalistischen Gesellschaft als auch gegenüber der durch die Herrschaft von Bürokratien gekennzeichneten Gesellschaften darstellt. Sie steht in keinerlei Widerspruch zu den im bundesdeutschen Grundgesetz festgelegten Grundwerten. Peter von Oertzen hat dies in mehreren seiner Veröffentlichungen klar dargelegt. Aber sie erweitert den Radius der Emanzipation und garantiert effizienter die Verallgemeinerung der Menschenrechte ausnahmslos für alle BürgerInnen.

Diese Alternative ist besser imstande, die Frauenemanzipation voranzutreiben, u.a. weil sie die radikale Verkürzung der Arbeitszeit (die 20-Stunden Woche) und ein permanentes hochwertiges System der Kinderbetreuung für alle Frauen, die dies wünschen, gewährleistet. Die materielle Selbständigkeit der Frau ist garantiert, sowie der freie Zugang zur materiellen Infrastruktur der Hausarbeit für alle Frauen und Männer. Damit ist das Elend des doppelten oder gar dreifachen Arbeitstages für alle Frauen aufgehoben.

Wenn das bedeutet, daß Rätesozialismus die noch knappen Wirtschaftsressourcen für diese Prioritäten anstatt für einen zweiten Farbfernseher oder Personal-Computer für jede Familie, oder gar einen zweiten PKW für jeden Haushalt verausgabt, so ist dies sein gutes Recht, insofern diese Entscheidung in demokratischer Weise gefällt wird, d.h. durch Mehrheitsbeschluß nach offener, freier Diskussion bei Berücksichtigung verschiedener Alternativlösungen. Die Rechte von Minderheiten, die andere Prioritäten bevorzugen, können dadurch gewährleistet werden, daß ihnen ein bestimmter Teil der vorhandenen Arbeitsinstrumente überlassen wird, der es ihnen erlaubt, mit eigener Arbeit die gewünschten und durch die Gesellschaft nicht mehr produzierten Konsumgüter zu erzeugen. Aber diese Minderheiten haben weder das Recht, den Frauen einen weiteren Arbeitstag aufzuzwingen noch die Masse der ProduzentInnen zu verpflichten, 25 Stunden pro Woche zu arbeiten, wenn diese die 20-Stunden Woche vorziehen.

Der Rätesozialismus ist besser imstande, die Menschen von der sie knechtenden Unterwerfung unter die Arbeitsteilung zumindest tendenziell zu befreien. Nicht im vulgären Sinne, daß jeder jeden Tag etwas anderes tut, oder daß es keine Notwendigkeit für die Erwerbung hochqualifizierter Kenntnisse mehr geben würde. Im Gegenteil: freier Zugang zur Hochschule für alle wäre gewährleistet. Aber wohl in dem Sinne, daß eine periodische Änderung des „Berufs" durch radikale Ausdehnung von Lern- und Studienzeit über das ganze Leben allen, die das wünschen, offensteht. Wer seine 20-Stunden Woche über mehrere Tätigkeiten, für die er über die notwendigen Kenntnisse verfügt, verteilen möchte, hätte dazu das Recht, insofern dies nicht mit dem von der Rätemehrheit demokratisch bestimmten Gesamtproduktionsplan kollidiert.

Rätesozialismus wäre imstande, Kriegsgefahr, sowie Gewaltanwendung mit Waffen radikal aufzuheben. Die ProduzentInnen beschliessen, keine Waffen mehr zu erzeugen und alle bestehenden Waffenvorräte zu vernichten. Dies kann wirksam nur weltweit erreicht werden, aber die ersten Schritte in dieser Richtung können durchaus in kleinerem geografischen Rahmen unternommen werden.

Schließlich wäre ein Rätesozialismus imstande, die Umweltprobleme tendenziell zu verringern, indem Produktionsentscheidungen total von Profitbetrachtungen losgelöst wären. Persönlich würden wir total autofreie Städte und radikale Reduktion des LKW-Verkehrs auch außerhalb der Städte befürworten. Aber darüber sollten die Räte mehrheitlich entscheiden.

Der Rätesozialismus bedingt demnach ebenfalls einen Prozeß des allmählichen Absterbens der Bürokratie und des Staates. Freilich muß das Problem genauer bestimmt werden. Es handelt sich weitgehend um eine Definitionsfrage. Unterrichtspersonal, Gesundheits- und Pflegepersonal, Erbringer unumgänglicher Dienstleistungen, Techniker sind meines Erachtens keine Bürokraten. Die eigentliche Problematik beginnt mit den Verwaltern spitzentechnischer Anlagen und vor allem den Ausübern von Schiedsrichter- und Konfliktlöserfunktionen. Es ist unmöglich, jedem Bürger sofortigen und freien Zugang zu einem hochwertigen Krankenhaus zu gewährleisten. Auch das Ärzte-Patient- bzw. das Lehrer-Schüler-Verhältnis umfaßt mindestens das Risiko von autoritären Unterordnungs- und Machtverhältnissen. Dies schließt die Notwendigkeit von Ombudsleuten mit ein. Könnte dies nicht zu Machtmißbrauch und Machtkonzentration führen? Wir wollen die Problematik nicht unterschätzen. Wir glauben jedoch, daß die Gefahr stark eingeschränkt werden kann. Ein selbstverwaltender Rätesozialismus ist notwendigerweise stark dezentralisiert. Große Befugnisse sind Regionen und vor allem Kommunen vorbehalten. Gesamtgesellschaftliche, mehr noch internationale, wenn nicht gar weltweite Machtkonzentration unumgänglicher Verwaltungs-, Vermittlungs- und Schiedsrichterfunktionen ist dadurch stark einschränkbar. Eine selbstverwaltende Rätedemokratie gibt den BürgerInnen große Möglichkeiten diese Verwalter, Vermittler und Schiedsrichter zu kontrollieren und in Frage zu stellen. Ein gutes Beispiel ist der sogenannte Gerichtsapparat. Gruppen- und individuelle Konflikte wird es auch im Rätesozialismus geben. Die historische Erfahrung hat bewiesen, daß geschriebenes Gesetz und Unabhängigkeit der Richter unumgängliche Bedingungen politischer Freiheit und Demokratie darstellen. Unabhängigkeit der Richter ist aber nicht zwangsläufig an die Institution des Richters auf Lebenszeit gebunden, die ihrerseits erfahrungsgemäß zu Willkür und Machtmißbrauch führen kann. Deshalb ist die regelmäßige Neuwahl von Richtern sowie eine Verallgemeinerung des Schöffensystems eine zusätzliche Garantie der politischen Freiheit.

Verschiedenerseits, vor allem bei individualistischen Anarchisten und Ultralinken, wird die These vertreten, politische Parteien seien „bürgerliche" Gebilde und tendieren dazu, Räteversammlungen zu manipulieren. Im Unterschied dazu vertreten Anarchosyndikalisten einen Standpunkt, der jenem der klassischen Sozialisten näher kommt. Aber was ist die Alternative? Etwa ein Verbot von Parteien oder Fraktionen (der Name ist hier unwesentlich)? Es wäre allerdings ein schöner Rätesozialismus, der mit solchen Verboten autoritärer Natur ansetzen würde. Und was geschieht, wenn sich die Mehrheit der Räteversammlungen diesem Verbot nicht fügt? Müßte es etwa mit Zwang durchgesetzt werden?

Die ganze These der „Manipulation" ist irreal. Sie verkennt die tiefere Realität des Rätesystems. Räte, - wie gewählte Streikkomitees - sind dem Wesen nach Einheitsfrontgebilde. Sie setzen voraus, daß alle BürgerInnen, mit Ausnahme derjenigen, die zu Gewalt gegen ethnische Minderheiten aufrufen, darin vertreten sind. Diese Masse von BürgerInnen ist politisch nicht homogen. Unterschiedliche politische Vergangenheiten verschwinden nicht mit einem Schlag. Die BürgerInnen können durchaus unterschiedliche Gruppeninteressen vertreten. Dies führt normalerweise dazu, daß alternative mehr oder weniger kohärente Vorschläge zur Lösung bestimmter Probleme vorgelegt werden. Gerade diese Vielfalt von Parteien reduziert die Risiken der Manipulation, weil sie die allgemeine Politisierung der Räteversammlungen begünstigt. Rosa Luxemburgs warnende Worte aus dem Jahre 1918 behalten mehr denn je ihre Aktualität. Es ist die Abwesenheit voller politischer Freiheit, die die Manipulation von Räteversammlungen ermöglicht.

In diesem Zusammenhang muß festgehalten werden, daß Rätesozialismus nur weltweit, als sozialistischer Weltbund, konsolidiert werden kann. Das bedeutet allerdings nicht, daß die ersten Erfolge nicht in beschränkterem Rahmen erreicht werden können. Der Zusammenschluß dieser Formation kann jedoch nur auf freiwillige Weise geschehen, unter Bedingungen strikter Gleichheit und Gleichberechtigung aller Kontrahenten. Dies erfordert u.a. ebenfalls, daß Experten/Wissenschaftler nicht das Recht haben, den Völkern Afrikas, Asiens, Lateinamerikas, Osteuropas ein bestimmtes Konsummuster aufzuzwingen, mit der Begründung, eine andere Wahl bringe zu große ökologische Gefahren mit sich. Die einzige Möglichkeit besteht in dem geduldigen Versuch allmählicher Überzeugung - bei gleichzeitigem selbstkritischen Zweifel darüber, ob die genannten Experten und radikale Grüne heute bereits alle wissenschaftlichen Fortschritte der kommenden Jahrzehnte voraussagen können.

Ist Rätesozialismus ein utopisches Projekt im landläufigen Sinne des Wortes, d.h. auch langfristig unrealisierbar? Gewiß gibt es für dieses Modell zur Zeit keine überzeugte oder auf demokratischem Wege überzeugbare Mehrheit von BürgerInnen. Und seinem Wesen nach erfordert Rätesozialismus gerade ein aktives Engagement einer solchen breiten Mehrheit. Aber diese Tatsache alleine genügt noch keineswegs, um Rätesozialismus auch langfristig für unverwirklichbar zu erklären. Eine solche Schlußfolgerung wäre genauso unwissenschaftlich und dogmatisch wie die Überzeugung, sein Sieg wäre unvermeidlich. Über diese Frage kann nur die Geschichte, können nur die Ereignisse entscheiden. Diese Entscheidung ist ungewiß. Bisher ist es niemandem gelungen, die gegenteilige These wissenschaftlich zu begründen.

Wir können das Problem im breiteren historischen Rahmen situieren. Rätesozialismus ist eine notwendige Bedingung verallgemeinerter Emanzipation. Die Unfähigkeit der Menschen zur Verwirklichung ihrer Emanzipation vorauszusetzen, ist nur eine kaum getarnte Rückkehr zum Dogma der Ursünde. Die historische Erfahrung bestätigt die Fähigkeit des Menschengeschlechts, erkennbare und erkannte Emanzipationsprojekte zu verwirklichen. Der Kampf gegen die Sklaverei hat über zweitausendfünfhundert Jahre gedauert. Aber er wurde gewonnen. Der Kampf gegen die Fronarbeit dauerte ein halbes Jahrtausend. Er wurde gewonnen. Der Kampf gegen die Inquisition mit ihren Folterschergen, Scheiterhaufen, Verbrennungen der weisen Frauen, dauerte mindestens vierhundert Jahre. Er wurde gewonnen. Es dauerte zweihundert Jahre bis der Kampf für das allgemeine, gleiche, geheime Wahlrecht für alle die Basis politischer Rechte der BürgerInnen sicherte. Es gibt keinerlei Grund anzunehmen, daß der Kampf für die Abschaffung der Lohnarbeit (unsere Väter und Mütter benutzten nicht ungerechtfertigt den Begriff der „Lohnsklaverei") nicht genauso erfolgreich verlaufen könnte - und dazu weniger Zeit bedürfte.

Man muß zweifelsohne diese historische Bilanz relativieren. Es gibt keinen gradlinigen Fortschritt der Emanzipation. Nach der französischen und der russischen Revolution kamen Hitler und Stalin. Die Sklaverei ist nie vollständig verschwunden. Sie entfaltet sich heute erneut in verheerender Weise. Verneinung elementarer Menschenrechte kennzeichnet zahlreiche Staaten. Folter und andere grausame Praktiken werden mehr und mehr angewandt. Auch in denjenigen Ländern, in denen demokratische Verhältnisse bestehen, sind ganze Gruppen von EinwohnerInnen von der Wahlbeteiligung ausgeschlossen. Die traditionelle sozialistische Kritik an der bürgerlich-parlamentarischen, d.h. rein formellen und indirekten Demokratie, behält mehr denn je ihre Relevanz. Wie real ist z.B. die Pressefreiheit, wenn die überwältigende Mehrheit der BürgerInnen nicht über die materiellen Mittel verfügt, um eigene unabhängige, nicht von einer Hand voll Pressemagnaten monopolisierte Zeitungen und Zeitschriften zu gründen und zu vertreiben?

Aber gerade weil diese Rückfälle des historischen Fortschritts unbestreitbar sind, hat der Rätesozialismus eine historische Chance, sich langfristig durchzusetzen. Denn eine wachsende Zahl von Frauen und Männern lehnen sich gegen die beschriebenen Übel auf. Der Umfang dieses Aufbegehrens ist nicht rückläufig, sondern ansteigend, wenn auch nicht in allen Ländern und von Land zu Land in unterschiedlichem Maße. Gewiß ist dieses massive Aufbegehren noch hauptsächlich durch eine „single issue" Zielsetzung gekennzeichnet. Es bleibt deshalb vorwiegend fragmentiert und diskontinuierlich und mündet noch nicht in das Streben nach einer alternativen Gesellschaftsordnung.

Die riesigen Gefahren, die auf die Menschheit zukommen, stellen uns heute nicht mehr vor die Wahl „Sozialismus oder Barbarei", sondern „Sozialismus oder physischer Untergang der Menschheit". Die Alternative ist klar. Entweder wachsende Konflikte, wachsende Ungleichheit, wachsender Egoismus, wachsende kurzsichtige „Realpolitik". Dann gehen wir an der wachsenden Explosivität der Konflikte zugrunde. Oder wachsende Selbsttätigkeit, wachsendes Aufbegehren, wachsende Fähigkeiten der Menschen, ihr Schicksal in die eigenen Hände zu nehmen, wachsende Gleichheit, wachsende Solidarität ohne Grenzen. Dann werden wir es schaffen, bevor es zu spät ist.

Jakob Moneta

Von den Räten zu den Betriebsräten

Die Vergangenheit ist noch nicht vergangen

Für den Vorstand der IG Metall erstattete Peter von Oertzen im Jahre 1962 ein Gutachten über „die Probleme der wirtschaftlichen Neuordnung und der Mitbestimmung in der Revolution von 1918": a) Die Sozialisierung b) Von der Rätebewegung zum Betriebsrätegesetz.

Ausgehend vom „Marxismus" der deutschen sozialistischen Bewegung - vor 1914 - „als eine Lehre, die zwar die Notwendigkeit einer Revolution proklamierte, ohne aber eine revolutionäre Praxis zu fordern", stößt Peter von Oertzen auf das Problem der *organisatorischen* Grundlage der deutschen Arbeiterbewegung. Diese beruhte - wie auch heute noch - auf der Aufteilung in zwei *selbständige* Zweige: die Gewerkschaften und die Partei. Zwischen ihnen bestand eine, „trotz mancher Auseinandersetzungen nie ernstlich angefochtene, klare Arbeitsteilung: die Gewerkschaften widmeten sich der Arbeit auf wirtschaftlichem Gebiet mit der Aufgabe, 'in der Gegenwart die Lage der Arbeiter zu heben, ihre Löhne aufzubessern, ihre Arbeitszeit zu verkürzen und dadurch auf ihre geistigen und physischen Kräfte einzuwirken' (so Karl Legien auf dem Frankfurter Gewerkschaftskongreß von 1899). Die Partei widmete sich der politischen Tätigkeit und pflegte zugleich die Theorie und die Lehre vom sozialistischen Endziel."

Zu Recht weist Peter von Oertzen darauf hin, daß diese Verknüpfung von Wirtschaft und Gegenwartsarbeit einerseits, von Politik und Zukunftsarbeit andererseits als sehr fragwürdig hätte erscheinen müssen. „Denn der Marxismus lehrte ja gerade, und auch der verengte Marxismus der deutschen Vorkriegssozialdemokratie tat es, daß die große Umwälzung der Gesellschaft von den Produktionsverhältnissen ihren Ausweg nehme und daß die Arbeiterschaft als durch ihre Stellung im Produktionsprozeß bestimmte Klasse diese Umwälzung bewirken würde. Die Lehre vom sozialistischen

Endziel hätte also eigentlich auch im Zusammenhang mit der wirtschaftlichen und nicht nur mit der politischen Praxis entwickelt werden müssen. Die Struktur der Arbeiterorganisationen und die allgemeinen gesellschaftlichen Verhältnisse standen solchen Schlußfolgerungen jedoch im Wege."[1]

Gibt es aber nicht auch eine Verknüpfung von „Gegenwartsarbeit und Politik", die je nachdem, *wie* sich die Gewerkschaften verhalten haben, negativ oder positiv für die Arbeiterbewegung ausgegangen ist? Die wohl bedeutsamste Auseinandersetzung innerhalb der Arbeiterbewegung der Vorkriegszeit im deutschen Kaiserreich war die Debatte um den Massenstreik. Rosa Luxemburg konnte sich mit ihrer Auffassung, den *gewerkschaftlichen Massenstreik auch als politisches Kampfmittel* einzusetzen, nicht durchsetzen. In Belgien, Österreich, Schweden und Holland wurden hingegen Massenstreikbewegungen bis hin zum Generalstreik durchgeführt, um entweder gewerkschaftsfeindliche (politische) Gesetze abzuwehren, oder aber, um mit der „ureigenen" gewerkschaftlichen Waffe das *allgemeine politische* Wahlrecht zu erkämpfen. In den spontanen Massenstreiks während der russischen Revolution 1905 ging es immerhin um den Sturz des Zarismus und demokratische Freiheiten.

Generalstreik rettete die Republik

Zugegeben, es gab keine Erfolgsgarantie, nicht alle diese Bewegungen haben ihr Ziel erreicht. Als jedoch am 13. März 1920 der „Kapp-Putsch" ausbrach und die sozialdemokratische Regierung fluchtartig Berlin verließ, hat der sonst so zahme Gewerkschaftsführer Karl Legien mit einem *politischen* Generalstreik die Republik gerettet. Karl Legien ergriff sogar die Initiative zur Bildung einer „Arbeiterregierung", die sich aus Vertretern *aller* Arbeiterparteien und Gewerkschaften zusammensetzen sollte. Ausgerechnet am Widerstand der „marxistischen" USPD, die sich mit den „Verrätern der Arbeiterklasse", der „Generalkommission" der Gewerkschaften, wie sich der Vorstand damals nannte, nicht gemein machen wollte, ist dieser Plan gescheitert. Der „revolutionäre Realist" Lenin allerdings erklärte, die Errichtung der Diktatur des Proletariats sei zu diesem Zeitpunkt nicht möglich, darum solle die KPD eine solche Arbeiterregierung unterstützen!

Wenn die Frage aufgeworfen wird, warum denn die Gewerkschaften nicht 1933 dem mutigen Beispiel von Karl Legien gefolgt sind, sondern den Nazi-Führern ihre „Kompromißbereitschaft" signalisierten, heißt es oft, es seien die Arbeitermassen gewesen, die zu den Nazis überliefen. Widerstand sei darum nicht möglich gewesen. Hiergegen können wir ausgerechnet Norbert Blüm als Kronzeugen anrufen. Er meint, Widerstand wäre damals nicht nur möglich, sondern auch aussichtsreich gewesen. Und er stellt die Frage: „Wie wäre wohl die Geschichte dieses Jahrhunderts verlaufen, wenn die Gewerkschaften sich vereinigt hätten, gegen Not und soziale Ungerechtigkeit gemeinsam gekämpft und ohne zu zaudern den Nationalsozialisten kompromißlos entgegengetreten wären? Aussichtslos wäre ein solcher Kampf nicht gewesen. 1932 zählten allein die freien Gewerkschaften über viele Millionen Mitglieder. 100.000 Betriebs- und Vertrauensleute arbeiteten in den Betrieben. Die letzten freien Betriebsratswahlen hatten die Position der demokratischen Arbeitnehmer gestärkt. In 1387 erfaßten Betrieben errangen im April 1933 die freien Gewerkschaften 73.4 Prozent der Betriebsmandate, die christlichen Gewerkschaften 7.6 Prozent und die Hirsch-Dunckerschen 0.6 Prozent. Die Nationalsozialistische Betriebszellenorganisation vereinigte 11.7 Prozent der Mandate auf sich und die Kommunistische Rote Gewerkschaftsopposition 4.9 Prozent. Die demokratischen Gewerkschaften hatten also eine Vier-Fünftel-Mehrheit in den Betrieben... „[2]

Die Nazis hatten demnach in den Betriebsratswahlen vom April 1933 nur 11,7% der Mandate erhalten, während sie in den Reichstagswahlen vom 5. März 1933 einen Stimmenanteil von 43,7% erzielt hatten.

Versagten 1933 die Betriebsräte?

Stellt sich aber hier nicht die Frage, wieso die Betriebsräte, die immerhin noch einen so mächtigen antinazistischen Einfluß hatten, nicht zum Träger einer aktiven Widerstandsbewegung wurden? Hätten sie nicht erfolgreich einen Massenstreik in Bewegung setzen können? Um dies zu beantworten, müssen wir zu Peter von Oertzens Darstellung über den Verlauf der Rätebewegung nach der Novemberrevolution zurückkehren. Er schreibt: „Seit der Jahreswende 1918/1919 entfaltete sich - über alle Parteigrenzen hinweg - eine tiefgreifende Bewegung innerhalb der Arbeiterschaft (in die auch Teile der Angestellten- und Beamtenschaft mit einbezogen wurden). Im Frühjahr 1919 stand sie im Zeichen großer Streiks in den hauptsächlichen Industriegebieten, die im wesentlichen die Mitbestimmung der Betriebsräte und die Sozialisierung der Schlüsselindustrie zum Ziel hatten. Diese Streiks wurden von der sozialdemokratisch-bürgerlichen Koalitionsregierung mit gewissen Konzessionen beantwortet und im übrigen durch Waffengewalt niedergekämpft. Nach dieser Niederlage versuchten die führenden Kräfte der Bewegung, eine unabhängige Betriebsräteorganisation und ein umfassendes wirtschaftliches Rätesystem aufzubauen und die gesetzliche Anerkennung dafür zu finden. Auch dieser Versuch scheiterte am Widerstand der Regierung. Der Artikel 165, der das 'Rätesystem' in der Weimarer Reichsverfassung verankerte, und das Betriebsrätegesetz vom Januar 1920 waren die einzigen Ergebnisse. Die Sozialisierungsversuche, welche die Regierung unter dem Druck der sozialen Bewegung immer wieder unternommen hatte, versandeten im Laufe des Jahres 1919. Der Kapp-Putsch und seine Abwehr durch die Massenaktionen der Arbeitnehmerschaft im März 1920 brachte - unter dem Druck der Gewerkschaften - die Sozialisierungsdiskussion noch einmal in Fluß. Eine praktische Auswirkung hatte sie freilich genauso wenig wie im Jahre 1919"[3]

Als zur zweiten Lesung des Betriebsverfassungsentwurfes USPD und KPD „gegen die Verwässerung des Rätegedankens" im Betriebsrätegesetz zu einer Protestkundgebung vor dem Reichstagsgebäude aufriefen, schoß die Polizei in die Menge. 42 Tote und 105 Verletzte wurden gezählt. Die SPD hatte sich von dem Protest distanziert. Die Polizisten standen unter ihrer Führung. Überall flammten daraufhin Unruhen aus. Der „Rätegedanken" wurde *gewaltsam* erstickt.

Was wäre gewesen, wenn...

Es gehört sicherlich zu den gewagtesten Vermutungen, Hypothesen darüber aufzustellen, was geschehen wäre, wenn bestimmte historische Entscheidungen von den Verantwortlichen anders als geschehen getroffen worden wären. Unbezweifelbar ist jedoch, daß Theodor Leipart, Vorsitzender des Allgemeinen Deutschen Gewerkschaftsbundes, am 29. März 1933 der Naziregierung das Angebot gemacht hat, die Gewerkschaften von der SPD loszulösen, mit den Unternehmern zusammenzuarbeiten, um so die Existenz der Gewerkschaften zu retten. Dies, nachdem *sämtliche bürgerlichen* Parteien am 23. März 1933 dem Ermächtigungsgesetz bereits zugestimmt hatten, welches Hitler die Vollmacht einräumte, auch ohne Parlament zu regieren. Tatsache ist auch, daß in den Betrieben noch im April 1933 nur 11,7 % Nazi-Delegierte gewählt wurden. Hätte eine „autonome" - auch innergewerkschaftliche Betriebsräteorganisation den Verrat der Gewerkschaftsführung am historischen Erbe der Arbeiterbewegung nicht verhindern können? Wäre sie nicht schon lange zuvor ein demokratischer Stachel für die bürokratisierte Gewerkschaftsorganisation gewesen, so daß die Führung eine solche „verbrecherische" Kapitulation gar nicht hätte wagen können?

Die Vergangenheit holt uns ein...

Das zentrale Problem, das bis heute ungelöst geblieben ist - es kam auch in der Frage einer autonomen Betriebsräteorganisation zum Vorschein - ist die *Demokratisierung* der Gewerkschaften. Demokratie ist das wichtigste Lebenselement der Arbeiterbewegung. In der Weimarer Republik wurden tausende oppositionelle Gewerkschafter aus ihren Verbänden ausgeschlossen. Sogar *demokratisch gewählten Delegierten*, die zur - meist kommunistischen - Opposition gehörten, wurde auf einigen Gewerkschaftskongressen das Mandat einfach entzogen. Dieses Problem der Gewerkschaftsdemokratie ist auch heute noch ungelöst. Der Versuch, durch *administrative* Maßnahmen gewerkschaftspolitische Probleme zu lösen, schwächt die Gewerkschaften, unterhöhlt ihre Kampfkraft.

Sicherlich ist es richtig, daß nur eine geschlossen handelnde Gewerkschaft der Macht des Kapitals ihre Gegenmacht entgegensetzen kann. Andererseits aber wird eine Millionen-Mitglieder-starke Organisation ohne die „institutionalisierte" Austragung interner Konflikte in organisierten *Strömungen* zu einem tönernen Koloß, zu einem starren Instrument, mit dem die Führung hantiert, ohne zu wissen, wie weit sie noch den Willen der Mitgliedschaft repräsentiert. Der Zentralismus, die Konzentration der Entscheidungsbefugnisse in den Vorständen hat in Deutschland eine ganz besonders unglückliche Tradition. Die IG Chemie-Führung zum Beispiel betrachtete es sogar schon als Kapitalverbrechen, als sich hauptamtliche Funktionäre miteinander abzustimmen versuchten, um einer Entwicklung entgegenzutreten, die sie für verhängnisvoll hielten. Sie entfernte solche Hauptamtlichen aus ihren Positionen oder versetzte sie dorthin, wo sie „unschädlich" waren.

Dort, wo es keine Möglichkeit gibt, Meinungen *organisiert* zum Ausdruck zu bringen, die mit der „herrschenden" Politik nicht übereinstimmen, kann auch eine rechtzeitige *demokratische Ablösung* verbrauchter oder kompromittierter Führungen auf allen Ebenen nicht stattfinden. Das aber war nicht nur in der Weimarer Republik, sondern auch in der ehemaligen DDR eine der wichtigsten Ursachen für ihren Untergang.

Ein weiteres Erbe aus der Vergangenheit ist die auch heute vorherrschende Meinung unter den Gewerkschaftsführungen, daß es die stete Aufgabe der Gewerkschaften nur sei, die *wirtschaftliche* Lage der Arbeitenden zu heben, während die (sozialdemokratische) Partei dazu ausersehen sei, die *politischen* Rahmenbedingungen hierfür zu schaffen. Daß sie eine selbständige *politische* Verantwortung besitzen - insbesondere dort, wo auch „linke" Parteien versagen - wollen sie nicht wahrhaben. Obwohl das heute in die „postmoderne" Gesellschaft nicht mehr hineinpaßt und geradezu als unanständig gilt, will ich hierzu doch Karl Marx als Zeugen anführen, der als Beauftragter der Ersten Internationale auf dem Genfer Kongreß 1866 folgendes als „Instruktionen für die Delegierten" über Vergangenheit, Gegenwart und Zukunft der „Gewerksgenossenschaften" niederlegte:

(a) Ihre Vergangenheit

„...Die Uneinigkeit der Arbeiter wird erzeugt und erhalten durch ihre *unvermeidliche Konkurrenz untereinander*. Gewerkschaften entstanden ursprünglich durch die spontanen Versuche der Arbeiter, die Konkurrenz zu beseitigen, oder wenigstens einzuschränken... Das unmittelbare Ziel der Gewerksgenossenschaften beschränkte sich daher auf die Erfordernisse des Tages, auf Mittel zur Abwehr der ständigen Übergriffe des Kapitals, mit einem Wort, auf Fragen von Lohn und Arbeitszeit. Diese Tätigkeit der Gewerksgenossenschaften ist nicht nur rechtmäßig, sie ist notwendig. Man kann ihrer nicht entraten, solange die heutige Produktionsweise besteht...

(b) Ihre Gegenwart

Die Gewerksgenossenschaften haben sich bisher zu ausschließlich mit dem lokalen und unmittelbaren Kampf gegen das Kapital beschäftigt und haben noch nicht völlig begriffen, welche Kraft sie im Kampf gegen das System der Lohnsklaverei selbst darstellen. Sie haben sich deshalb zu fern von allgemeinen sozialen und politischen Bewegungen gehalten...

(c) Ihre Zukunft

Abgesehen von ihren ursprünglichen Zwecken müssen sie jetzt lernen, bewußt als organisatorische Zentren der Arbeiterklasse zu handeln, im großen Interesse ihrer *vollständigen Emanzipation. Sie müssen jede soziale und politische Bewegung unterstützen, die diese Richtung einschlägt.* ...Sie müssen sich sorgfältig um die Interessen der am *schlechtesten* bezahlten Gewerbe kümmern... *Sie müssen die ganze Welt zur Überzeugung bringen, daß ihre Bestrebungen, weit entfernt, begrenzte und selbstsüchtige zu sein, auf die Emanzipation der unterdrückten Millionen ausgerichtet sind.*"[4]

Die Diskussion über genau diese Probleme ist heute in der Gewerkschaftsbewegung durchaus aktuell. Da gibt es auf der einen Seite diejenigen, die „Jenseits der Beschlußlage" - so der Titel einer im gewerkschaftlichen Bund-Verlag erschienenen Sammlung von Aufsätzen - nicht mehr an eine Perspektive glauben, *die über den Kapitalismus hinausführt*. Sie wollen ihn lediglich sozial und ökologisch „regulieren", ohne aufzuzeigen, wo dies bisher geglückt ist, oder wer dieses Kunststück auf welche Weise vollbringen soll - insbesondere da es auf dem jetzigen Weltmarkt um die Probleme der *ganzen Welt* und die Emanzipation nicht nur von Millionen, sondern von Milliarden geht.

Auf der anderen Seite gibt es eine „Viererbande" im DGB, die aus den kleineren Gewerkschaften - Holz und Kunststoff, Nahrung-Genuß und Gaststätten, Textil-Bekleidung und IG Medien besteht, aber offensichtlich auch in der Gewerkschaft Handel-Banken-Versicherungen und sogar in der IG Bau-Steine-Erden und Teilen der IG Metall und ÖTV ihre Anhänger hat. In der DGB-Funktionärszeitschrift „Die Quelle" (Mai 1994) hat Gisbert Schlemmer, der Vorsitzende der Gewerkschaft Holz und Kunststoff, sich dafür eingesetzt, daß auch „*Querdenken* erlaubt sein müsse, um den Diskussionsprozeß voranzutreiben". Er beruft sich sodann auf den Vorsitzenden der IG Medien, Detlef Hensche, der erklärt hat, die Mitglieder hätten längst die Notwendigkeit einer Verlagerung der Gewerkschaftstätigkeit zu *politischen* Aufgaben hin erkannt. Sie erwarteten eben nicht nur Verbesserung von Einkommen, Arbeitszeit und Arbeitsbedingungen, sondern auch Engagement z.B. in Fragen der Ökologie, der Kommunalpolitik, der Verkehrspolitik, vor allem der Beschäftigungspolitik. Gisbert Schlemmer geht hart mit denen ins Gericht, die glauben, den *Parteien* die Gestaltung politischer Prozesse allein überlassen zu können. Sie hätten die Zeichen der Zeit nicht erkannt. Denn Emanzipation, Willensbildung, Einflußnahme erfolge auch über Bürgerinitiativen, Volksabstimmungen und andere „Elemente gelebter Demokratie", die auch *junge* Menschen für Gewerkschaftsarbeit begeistern könnten.

Die Debatte über eine Organisationreform des DGB werde zu sehr unter „*betriebswirtschaftlichen Gesichtspunkten*" geführt, über Sparmaßnahmen. „Wichtiger aber wäre es," meint Gisbert Schlemmer, „wenn am Ende der Reformdiskussion im neuen Grundsatzprogramm des DGB eben kein blindes Ja zur

Industriegesellschaft steht oder auch zur sozialen Marktwirtschaft, auch wenn dieser das Adjektiv *ökologisch* beigefügt wird... Die Tatsache, daß in Europa kein gesellschaftliches oder wirtschaftliches 'Konkurrenzmodell' mehr existiert, berechtigt noch lange nicht zur Feststellung, daß der real existierende Kapitalismus selbst in seinen demokratischen Versionen das Nonplusultra aller denkbaren Formen staatlichen Zusammenlebens und Wirtschaftens ist."

Aktionsgemeinschaft für „Zivilen Ungehorsam"

Daß auch der Versuch, in den fünf Neuen Ländern autonome Initiativen von Betriebs- und Personalräten zur Unterstützung der Gewerkschaften im Kampf um die Verteidigung von Arbeitsplätzen und für die Schaffung neuer Arbeitsplätze zu schaffen, auf wenig Gegenliebe in manchen gewerkschaftlichen Führungsetagen stößt - insbesondere weil diese Initiativen *gewerkschafts- und regionenübergreifend* konzipiert sind - ist das nicht auch ein Zeichen dafür, daß Vergangenes noch nicht vergangen ist?

Eine als *Aktionsgemeinschaft* zwischen Betriebsräten und DGB mit dem dramatischen Titel „Thüringen brennt" gegründete Initiative hat sich nicht gescheut, auch neue Kampfmethoden aufzuzeigen, was sie wohl auch nicht beliebter gemacht hat. In ihrem Aufruf heißt es „So wie Politiker und Unternehmer tagtäglich gegen Gesetze, Anstand und Moral verstoßen, werden wir uns bewußt über Regeln in der Gesellschaft hinwegsetzen... Wir, die Unterzeichner, erklären, diesen Kampf auch mit den Mitteln des Zivilen Ungehorsams aufzunehmen." Es geht darum, „Politiker zum Einhalten ihrer Versprechen zu *zwingen*."

Millionen Arbeitslose, eine zu zwei Dritteln zerstörte Industrielandschaft in der ehemaligen DDR, der fortschreitende Abbau sozialer Errungenschaften beweisen zur Genüge, daß Politiker, die sich über Gesetze von Anstand und Moral hinweg setzen, kaum zu *überzeugen* sind. Sie müssen eben auch durch Zivilen Ungehorsam *gezwungen* werden, ihre Versprechen einzuhalten. Die Gewerkschaften im Bündnis mit den „sozialen Bewegungen" sind die einzige Kraft, die hierzu in der Lage ist. Noch besser, wenn es neben der außerparlamentarischen Kraft eine parlamentarische gibt, die sie hierbei unterstützt.

[1] Peter von Oertzen in der 1962 „als Manuskript gedruckten" und vom Vorstand der IG Metall veröffentlichten Ausgabe, S. 6
[2] Norbert Blüm: Gewerkschaften zwischen Allmacht und Ohnmacht. Ihre Rolle in der pluralistischen Gesellschaft, Verlag Bonn Aktuell, Stuttgart 1979, S. 36
[3] Peter von Oertzen a. a. O. S. 21/22
[4] Karl Marx/Friedrich Engels: Werke, Berlin 1962, Band 16, S. 190ff

Arno Brandt/Wolfgang Jüttner

Worin die freie Entwicklung eines jeden ...

Zur Aktualität des demokratisch-sozialistischen Denkens bei Peter von Oertzen

Seit der Wiederaufnahme der sozialdemokratischen Programmdiskussion Anfang der siebziger Jahre ist die Stimme von Peter von Oertzen in den vielfältigen Strategiedebatten innerhalb (und außerhalb) der SPD unüberhörbar. Zwar war Peter von Oertzen bereits auf dem Godesberger Parteitag von 1959 als Delegierter vertreten und hatte dort ebenso selbstbewußt wie erfolglos einen eigenen Gegenentwurf zum Godesberger Programm vorgelegt. Aber seine eigentliche Bedeutung als „strategischer Kopf" der Parteilinken erhielt er erst, als sich die politische Kultur in der Partei durch die Integration relevanter Teile der 68er Bewegung in die SPD grundlegend veränderte und ein neuer Bedarf an programmatischer und strategischer Diskussion entstand. Peter von Oertzen war gewiß nicht der einzige Wortführer und Vordenker der Parteilinken, aber seine Beiträge haben bis in die jüngste Vergangenheit innerparteilich stets eine starke Resonanz erfahren und viele seiner Analysen und reformpolitischen Schlußfolgerungen sind mittlerweile in den Grundsatz- und Aktionsprogrammen der SPD Beschlußlage.

Wir können die strategischen Kontroversen der letzten 20 Jahre nicht im einzelnen nachzeichnen. Zum Teil muten die Dokumente der zurückliegenden Debatten wie Fossile einer längst vergangenen Zeit an[1]. Eine Rekonstruktion ist vom heutigen praktischen Interesse daher weniger relevant. Uns geht es im folgenden darum, aufzuzeigen, in welchen Zusammenhängen das politische Denken von Peter von Oertzen nach wie vor aktuell ist und worin auch nach der Zäsur von 1989 sein Beitrag zu einer Strategie des demokratischen Sozialismus liegen könnte.

Demokratie und Sozialismus

Das Berliner Grundsatzprogramm ist vermutlich das vorläufig letzte programmatische Dokument der SPD, in dem in einem breiten innerparteilichen Konsens an der Zielperspektive des demokratischen Sozialismus festgehalten wird. Danach ist es eine „historische Grunderfahrung, daß Reparaturen am Kapitalismus nicht genügen. Eine neue Ordnung von Wirtschaft und Gesellschaft ist nötig. Die Sozialdemokratie führt die Tradition der demokratischen Volksbewegungen des neunzehnten Jahrhunderts fort und will daher beides: Demokratie und Sozialismus, Selbstbestimmung der Menschen in Politik und Arbeitswelt." (Berliner Grundsatzprogramm) Vor dem Hintergrund der Erfahrungen von 1989 wird der Druck in der SPD spürbar größer, den Begriff „demokratischer Sozialismus" aufzugeben und damit einen wesentlichen Bezugspunkt sozialdemokratischer Identitätsbildung aus dem Sprachgebrauch der Partei zu verbannen.

Noch ist nicht entschieden, ob mit dem Untergang des „real existierenden Sozialismus" in den Ländern des Ostens die sozialistische Idee mit zu den Akten gelegt werden muß oder sie erst jetzt eine reale Chance hat, breite Resonanz zu finden. So stellt Helga Grebing die Frage, „ob nicht gerade jetzt, wo der Kapitalismus vielleicht gar nicht gesiegt hat, sondern nur übrig geblieben ist, der demokratische Sozialismus neue gesellschaftliche Gestaltungskraft gewinnen kann; denn nun ist er endlich befreit von Legitimierungs- und Abgrenzungszwängen gegenüber kollektivistischen Gesellschaftssystemen, die die Berufung auf eine sozialistische Tradition nur behauptet und sich durch die Anwendung von Gewalt und Macht befestigt haben."[2] Und auch Oskar Negt glaubt, „daß die sozialistische Utopie (...) vielleicht auch durch die Zerstörung der falschen Form eine ganz neue Chance bekommt"[3].

An historischem Optimismus mangelt es offenbar nicht, aber dennoch steht es im Augenblick um die Idee des demokratischen Sozialismus eher schlecht. Dies weniger, weil sich viele ihrer früheren Anhänger angesichts der Erfahrung von 1989 tief erschrocken von ihr abwenden. Viel schwerwiegender wirken sich andere Faktoren aus, deren Ursachen weit vor der 89er Zäsur zu verorten sind. Dabei handelt es sich zum einen um die mit dem Prozeß der Modernisierung notwendigerweise verbundene soziale Ausdifferenzierung, die zu dem Verlust einer identitätsstiftenden sozial-kulturellen Basis geführt hat. Die prägende Kraft der traditionellen sozialen Milieus gehört damit endgültig der Vergangenheit an (was die Entstehung neuer Milieus keineswegs ausschließt)[4]. Der gesellschaftliche Trend zur Individualisierung bringt neben einem Zuwachs an Emanzipationschancen stets auch Vereinzelung und Entsolidarisierung mit sich. Die sozialen und subjektiven Voraussetzungen eines demokratisch sozialistischen Projekts, das Gestaltungskraft gewinnen kann, scheinen sich damit auf den ersten Blick zu verflüchtigen. Zum anderen blieb die demokratisch sozialistische Zielperspektive der SPD angesichts des von ihr vorherrschend praktizierten etatistisch-technokratischen Politikverständnisses („Modell Deutschland") eigentümlich leer und bot daher auch vielen Sozialdemokraten keinen überzeugenden Sinnhorizont mehr, als die Grenzen des alten Politikmodells deutlich erkennbar wurden. Unsere These lautet daher: Die Erosionsprozesse, mit denen die sozialdemokratische Linke heute konfrontiert ist, finden ihre Ursachen nicht in den Vorgängen von 1989, sondern wurzeln in sozialen Veränderungen und politischen Defiziten, deren Ursprung weit vorher liegt.

Angesichts dieser Entwicklungen überrascht es im Grunde kaum, daß sich die Grundwertekommission der SPD in ihrer jüngsten „Handreichung" nicht mehr auf ein gemeinsames Festhalten am Begriff des „demokratischen Sozialismus" verständigen kann. Stattdessen sieht man sich genötigt, die Positionen des „notwendigen Aufgebens" und des „notwendigen Festhaltens" nebeneinander zu stellen: „Im übrigen entspricht diese Art einer gemeinsamen Darstellung der Lage, wie sie ist. Es gibt in der SPD eben unterschiedliche Verarbeitungen der Zäsur von 1989..."[5].

„Zum ersten Mal seit der Zeit, als die Losungen von 'Freiheit, Gleichheit und Brüderlichkeit' ihre visionäre Kraft entfalteten, haben die Linken anscheinend keine mobilisierenden Botschaften mehr, erschöpfen sie sich in dem nicht immer klammheimlichen Eingeständnis, daß der Kapitalismus eben die überlegene Kraft sei.."⁶, konstatiert Helga Grebing zutreffend. Und dennoch müßte eigentlich auch diese Linke angesichts der wachsenden sozialen Ungleichheit im Weltmaßstab, einer weiter steigenden Massenarbeitslosigkeit vor der eigenen Haustür und einer weiterhin die globale Umweltkrise verschärfenden Produktionsweise an ihren neuen Einsichten zweifeln. Der Kapitalismus hat bislang kein Welträtsel gelöst und seine ungehemmte Entwicklung ist nach wie vor mit ungeheuren sozialen und ökologischen Katastrophen verbunden. In den entwickelten Industrieländern, wo er zweifelsohne einen relativen Massenwohlstand hervorgebracht hat, gelang dies bislang nur um den Preis eines Wohlstandsmodells, das für die übrige Welt nicht verallgemeinerungsfähig ist. Nach der Implosion des „real existierenden Sozialismus" muß der Kapitalismus jetzt alle seine Probleme selber lösen. „Und er kann sie nicht lösen. Hätte er sie lösen können, hätte er es längst getan."⁷

Demokratische Sozialisten haben angesichts des Desasters des „realsozialistischen" Experiments keinen Grund in Sack und Asche zu gehen, aber die sozialistische Idee ist entsetzlich desavouiert und es bedarf großer Anstrengungen, um ihren eigentlichen Inhalt neu zu definieren und zu revitalisieren. So muß vor allem die Konzeption des demokratischen Sozialismus neu auf den Prüfstand gestellt und von allen autoritären und etatistischen, d.h. die Menschen entmündigenden Zügen, befreit werden. Das Sozialismusverständnis, das Peter von Oertzen Zeit seines aktiven politischen Lebens vertreten hat, könnte ein Fundament (vielleicht brauchen wir mehrere) sein, auf das ein ausstrahlungsfähiges Projekt des demokratischen Sozialismus wieder aufbauen könnte.

Wie kaum ein anderer marxistischer Sozialdemokrat war Peter von Oertzen stets scharfer Kritiker leninistischer und stalinistischer Herrschaftsformen. Er hat dafür eine Unzahl unfairer Angriffe und Polemiken seitens der Freunde des „real existierenden" Sozialismus einstecken müssen. Für ihn war die marxistisch-leninistische kommunistische Bewegung immer eine elitäre, autoritäre und bürokratische Organisation, Vormund der Arbeiterklasse. Mit der ursprünglichen Idee des Sozialismus hat diese Bewegung wenig gemein: „Die

Kooperations- und Organisationsformen des Sozialismus können nur die einer radikalen, rechtlich gesicherten 'Demokratie' sein.."[8]

Demokratischer Sozialismus ist in diesem Verständnis gleichbedeutend mit der Verwirklichung der von der bürgerlichen Gesellschaft nur unvollständig eingelösten Versprechen der Französischen Revolution: Freiheit, Gleichheit und Solidarität. „Alle diese drei Ideen hängen miteinander zusammen, eine ist ohne die andere nicht denkbar. Aber das Herz des Sozialismus ist die Freiheit."[9] Peter von Oertzen verweist in diesem Zusammenhang immer wieder auf einen Kernsatz von Marx und Engels. Danach ist das Ziel der sozialistischen Bewegung eine Gesellschaft, „worin die freie Entwicklung eines jeden die Bedingung für die freie Entwicklung aller ist" (Manifest). „Ohne die traditionellen Elemente der Demokratie: geistige und politische Freiheit, Rechtssicherheit, politischer und sozialer Pluralismus, freie Wahlen, Minderheitsschutz usf. sind die von Marx und Engels erstrebte gesellschaftliche Selbstverwaltung und Selbstregulierung, sowie insbesondere die Befreiung und Selbstverwirklichung jedes einzelnen nicht möglich."[10]

Diese Grundpositionen haben praktische Konsequenzen. Sie verweisen die Linke darauf, daß es die Errungenschaften der parlamentarischen Demokratie und des Rechtsstaates zu erhalten und auszubauen gilt und daß staatliche Politik die Rahmenbedingungen für selbstbestimmtes Handeln zwar begünstigen, niemals aber ersetzen kann. Vor allem aber liegen sie quer zu dem in weiten Bereichen der SPD dominierenden paternalistischen und patriarchalen Politikverständnis, das sich in der Selbstwahrnehmung als „Schutzmacht des kleinen Mannes" so schonungslos offenbart. Es liegt daher auch auf der Hand, daß Peter von Oertzen mit der von ihm eingeforderten Parteireform eine andere Intention verbindet, als die Einübung neuer mediengerechter Rituale der Kandidatenaufstellung in der SPD: „Die Ziele der Modernisierung der SPD stehen im Gegensatz zum Modell einer bloßen Wahl- und Werbepartei, die in der Hauptsache auf die loyalitätserzeugende Wirkung zentral organisierter Medienwerbung setzt und den Mitgliedern vornehmlich die Rolle eines öffentlichen

Resonanzbodens für die Vermittlung von Stimmungen zugedenkt"[11].

Demokratischer Sozialismus ist reformistischer Sozialismus

„Die einzige sinnvolle Definition des Begriffs 'demokratischer Sozialismus' besteht darin, ihn auf die Wirklichkeit der historisch-politischen Bewegung zu beziehen und mit dem Begriff des 'Reformismus' in der Arbeiterbewegung gleichzusetzen. Ich verstehe unter 'demokratischem Sozialismus' .. also 'reformistischen' Sozialismus ... Der Reformismus ist jene Form der sozialistischen Bewegung, die das Ziel des Sozialismus auf dem Wege demokratischer, gesetzlicher (legaler), friedlicher und schrittweiser Veränderungen der Gesellschaft zu erreichen versucht."[12] Für Peter von Oertzen ist der Begriff des demokratischen Sozialismus nicht systemisch zu fassen[13]. Er versteht ihn als einen Prozeß der Demokratisierung, der schrittweise alle Lebensbereiche erfassen soll. Ziel und Weg des demokratischen Sozialismus bilden eine untrennbare Einheit, so daß eine sozialistische Bewegung qualitative Elemente der sozialistischen Gesellschaft vorwegnehmen kann[14]. Die Durchsetzung von Demokratie am Arbeitsplatz, von Genossenschafts- und Selbstverwaltungsprinzipien, demokratischer Rahmenplanung, sozialen Netzen und Formen direkter Demokratie vollzieht sich nur in einem Prozeß, nur über das Erkämpfen, Erreichen und Bestätigen von Kompetenzen und Machtbefugnissen der Arbeitnehmer und Bürger. In „der auf Änderung der bestehenden Gesellschaftsordnung hindrängenden ökonomischen, sozialen und politischen Bewegung müssen sich alle wirklich schöpferischen Kräfte der Gesellschaft verkörpern, sie müssen die gesamte Gesellschaft durchdringen; sie müssen die produktive Kraft der Gesellschaft - in materieller, organisatorischer, geistiger Hinsicht - wirklich sein"[15]. Von der Erfüllung dieser Aufgabe ist die demokratische Linke heute weit entfernt und ihre Geschichte ist auch eine der verpaßten Chancen. Im Rückblick auf die zurückliegenden Jahrzehnte muß die Linke erkennen, daß die allgemeine Desorientierung durch die Zäsur von 1989 weniger dramatische Formen angenommen hätte, wenn ihre inhaltlichen Antworten auf die offenen Fragen der kapitalistischen Wirtschafts- und Gesellschaftsordnung überzeugender und praktisch wirksamer gewesen wären[16].

Ein ausstrahlungsfähiges Projekt des demokratischen Sozialismus kann nur das Ergebnis eines längeren Suchprozesses sein. Im Kern geht es dabei um die Beantwortung der Frage, wie sich wirtschaftsdemokratische Strukturen mit einer marktregulierten Ökonomie verbinden lassen[17]. Aber es wäre bereits viel gewonnen, wenn die Linke ihre Handlungsfähigkeit dadurch zurückgewinnen würde, daß sie die Elemente eines sozial-ökologischen Reformprogramms präziser bestimmen könnte. Gefordert sind kurzfristig überzeugende Konzepte gegen die Massenarbeitslosigkeit und die zunehmende soziale Spaltung in unserer Gesellschaft. Konkretisiert werden müßte das Konzept einer ökologischen Steuerreform, um Ressourceneffizienz und neue Produktinnovationen hervorzubringen. Eine große Herausforderung ist die Frage, wie eine Staatsreform von links zu organisieren ist, die neuen Spielraum für Reformpolitik eröffnen könnte? Der aktuell sich vollziehende Wandel hin zu postfordistischen Strukturen bietet nicht nur Risiken, sondern auch Chancen, die aufgegriffen, gefördert und realisiert werden müssen. Wenn hier überzeugende Antworten gelingen, kann die gegenwärtige Defensivposition der Linken bald überwunden werden.

Nicht minder bedeutsam wird in diesem Zusammenhang sein, ob sich die Linke ihre eigenen Projekte „jenseits der Beschlußlage" schafft. Die vorhandenen Ansätze von Kommunikationszentren, sozio-kulturellen Einrichtungen, Bildungsvereinen, Wohnungsgenossenschaften, Selbsthilfeinitiativen und ökologischen Modellprojekten müssen verallgemeinert und miteinander vernetzt werden. Für den Erfolg der dringend notwendigen Parteireform ist es mitentscheidend, daß sich die SPD für diese Politikansätze öffnet. Bei einer alleinigen Fixierung ihrer politischen Praxis auf parlamentarisches bzw. staatliches Handeln wird sie ihre Attraktivität gerade in den modernen Arbeitnehmerschichten einbüßen und ihre eigene Zukunftsfähigkeit verspielen.

Demokratische Sozialisten in der SPD

Die SPD ist eine Gesinnungsgemeinschaft, in der sich Menschen, die gemeinsam die Grundwerte des demokratischen Sozialismus teilen, zusammenfinden. Ihre Entwicklung zunächst als Arbeiterpartei und später als linke Volkspartei war eng verknüpft mit dem Lebenszyklus der Arbeiterbewegung, der sich heute seinem Ende zuneigt. Insofern sie auch weiterhin überwiegend die Interessen derjenigen vertritt, „die von Hause aus nicht zu den Reichen, Mächtigen und Einflußreichen gehören ... ist und bleibt sie eine Partei des sozialen Kampfes"[18]. Mit dieser Rollenzuschreibung markiert Peter von Oertzen die emanzipatorisch-fortschrittliche Seite der Sozialdemokratie. In der SPD war aber immer auch ein eigentümlicher Konservatismus anzutreffen, den Peter von Oertzen an anderer Stelle analysiert hat[19]. Diese Grundstimmung scheint auch zur Zeit wieder in der SPD Konjunktur zu haben - sie wird es angesichts der objektiven gesellschaftlichen Probleme allerdings nur vorübergehend bleiben. Die Aufgabe von demokratischen Sozialisten besteht gegenwärtig darin, inhaltliche Anstöße für programmatische und organisationspolitische Innovationen zu geben und mit eigenen Basisprojekten der sozial-ökologischen Erneuerung erste Umsetzungsschritte zu gehen. Die Zeit, wo neue Problemlösungen gefragt sind, ist eigentlich schon da; manche haben nur noch nicht die Zeichen der Zeit vollständig begriffen oder wollen sie nicht begreifen.

Peter von Oertzen hat immer dafür gestritten, daß der Spielraum für politische Innovationen in SPD erhalten und ausgebaut wird. „Er hat wie kein Zweiter die auf Kurt Schumacher zurückgehende Godesberger Formel, derzufolge Menschen unterschiedlicher Glaubensüberzeugungen und Weltanschauungen Heimatrecht in der Sozialdemokratischen Partei beanspruchen können, sofern sie deren Grundwerte und Grundforderungen teilen, mit Leben erfüllt, in dem er seine nachdenkliche und selbstkritische Zeitanalyse immer aufs Neue, und wenn es sein mußte auch hartnäckig und provozierend, in die Programmdebatten einbrachte."[20] Dieses Heimatrecht gilt es auch künftig in der SPD zu erhalten. Es sollte aber nicht als Aufforderung zur Selbstgenügsamkeit mißverstanden werden, sondern als Chance zur politischen Intervention im Sinne einer mehrheitsfähigen Linken in der SPD. Peter von Oertzen hat als Kultusminister, als Vorsitzender der Kommission für politische Bildung und als Promotor und Leiter der Parteischule vorgelebt, wie eine politische Praxis von links in der SPD gestaltet werden kann.

Die Partei darf es sich nicht vordergründig leicht machen und im Rahmen einer Programmrevision vom Begriff des „demokratischen Sozialismus" Abschied nehmen. Sie liefe nicht nur Gefahr, sich einer weiteren Entwertung ihrer traditionellen Symbole auszusetzen; ihr droht auch ein Substanzverlust, wenn sie mit ihrer Tradition demokratisch sozialistischen Denkens bricht. Als Partei ohne Visionen, ohne konkrete Utopie, wird sie nur allzu rasch von anderen Volksparteien nicht mehr zu unterscheiden sein. Peter von Oertzen steht für viele demokratische Sozialisten, die mit ihren Beiträgen zur Programmdiskussion die Grundlage für ein unverwechselbares Profil der SPD geschaffen haben. Die SPD sollte mehr daraus machen.

1 vgl. S. Heimann, B. Zeuner: Peter von Oertzen und die Thesen zur Strategie und Taktik des demokratischen Sozialismus (Sonderdruck aus Prokla 14-15), Hannover o. Jg.
2 Helga Grebing: Die deutsche Arbeiterbewegung, Mannheim, Leipzig, Wien, Zürich 1993, S. 96
3 Oskar Negt: Die Zukunft des Sozialismus, Vortrag zur Tagung „Braucht die Linke eine neue Utopie?" des SPD Bezirks Hannover am 15. Februar 1992 in Springe
4 vgl. Michael Vester, Peter von Oertzen, Heiko Geiling, Thomas Hermann, Dagmar Müller: Soziale Milieus im gesellschaftlichen Strukturwandel - zwischen Integration und Ausgrenzung, Köln 1993
5 Grundwertekommission beim Parteivorstand der SPD: „Sozialismus" - von den Schwierigkeiten mit dem Umgang mit einem Begriff, Bonn 1994, S. 21
6 Helga Grebing: Die deutsche Arbeiterbewegung, a.a.O., S. 97
7 Oskar Negt: Die Zukunft des Sozialismus, a.a.O., S.
8 Peter von Oertzen: Karl Marx, in: W. Euchner: Klassiker des Sozialismus I, München 1991, S. 153

[9] Peter von Oertzen: Was bleibt von der sozialistischen Vision? (Manuskript), Hannover 1990, S. 3, in gekürzter Fassung unter gleichnamigem Titel abgedruckt in: Freitag vom 16.11.1990

[10] Peter von Oertzen: Für eine marxistische Grundlegung des demokratischen Sozialismus, in: Peter von Oertzen: Für einen neuen Reformismus, Hamburg 1984, S. 17

[11] Peter von Oertzen, Thomas Meyer: Bildung und Parteireform, in: K. H. Blessing (Hg.): SPD 2000, Die Modernisierung der SPD, Marburg 1993, S. 53f., vgl. auch Peter von Oertzen, Susi Möbbeck (Hg.): Vorwärts, rückwärts, seitwärts. Das Lesebuch zur SPD-Organisationsreform, Köln 1991

[12] Peter von Oertzen: Für eine marxistische Grundlegung..., a.a.O., S. 27

[13] vgl. dazu auch André Gorz: Und jetzt wohin? Berlin 1991, S. 32ff.

[14] vgl. Peter von Oertzen: Thesen zur Strategie und Taktik des demokratischen Sozialismus in der Bundesrepublik Deutschland, Bonn o. Jg., S. 15

[15] Ebenda, S. 19

[16] vgl. Peter von Oertzen: Was bleibt von der sozialistischen Vision? a.a.O., S. 14f.

[17] vgl. ebenda, S. 17, sowie Wolfgang Fritz Haug: Schwierigkeiten eines demokratischen Sozialismus, in: Widerspruch, 10. Jg., H. 19, 1990, S. 53ff.

[18] Peter von Oertzen: Lage und Aufgabe der SPD - Entwurf einer Erklärung, in: Für einen neuen Reformismus, a.a.O., S. 80

[19] vgl. Peter von Oertzen: SPD und Grüne - Über die politischen Möglichkeiten - und Gefahren - eines neuen politischen Weges, in: Für einen neuen Reformismus, a.a.O., S. 128ff.

[20] Thomas Meyer: Im Kampf um sozialistische Programmpositionen, in: Jürgen Seifert, Heinz Thürmer, Klaus Wettig (Hg.): Soziale oder sozialistische Demokratie. Beiträge zur Geschichte der Linken in der Bundesrepublik, Marburg 1989, S. 205f.

Oskar Negt

Das anstößige Jahr '68 und das Problem einer Neubestimmung von Sozialismus

1.

Selten hat es in der Geschichte, unter Friedensbedingungen jener Teilwelt, die fatalerweise immer noch den Entwicklungston des Ganzen angibt, Situationen gegeben, die die Menschen in derart geballter und beschleunigter Zeit mit tiefgehenden Umbrüchen und neuen Herausforderungen konfrontierten, wie im vergangenen Jahrzehnt. Die beiden großen Kriege dieses Jahrhunderts, Faschismus und Stalinismus, gigantische Geschichtsverbrechen, Massenelend, haben die Lebensverhältnisse durcheinandergebracht, keinen Stein auf dem anderen gelassen, aber diesen Phasen folgten Restaurationen, Wiederherstellungsanstrengungen des Alten, die häufig glückten und bei allen Brüchen und Zusammenbrüchen unerwartete Kontinuität zum Vorschein brachten. Nicht Krieg oder andere gesellschaftliche Naturkatastrophen sind dagegen gegenwärtig am Werk, wenn die Verabschiedungslogik Trümmer auf Trümmer häuft und die Vergangenheit zu einer unbewohnbaren Ruinenlandschaft zu werden droht; vielmehr ist es der normale Lauf der Dinge, die in der inneren Struktur der Gesellschaft begründete Dynamik. Was ist nicht alles in weniger als zwei Jahrzehnten diesem geschichtlichen Trümmerhaufen überantwortet worden! Aufklärung und Fortschritt, insgesamt das Projekt der Moderne; davon, daß die Utopien der Arbeitsgesellschaft aufgebraucht und die Identitätskriterien von Subjektivität entwertet seien, ist allenthalben und nachdrücklich gesprochen worden. Den radikalsten Schnitt nehmen die vor, die das Ende der Geschichte selber gekommen sehen, nicht nur eines bestimmten Zeitalters, des sozialdemokratisch-gewerkschaftlichen zum Beispiel, worüber sich Ralf Dahrendorf jüngst verbreitet hat.

Wenn wir jedoch in einem Post-Histoire, in einer Welt der Nach-Geschichte leben und unser Dasein gestalten, dann hätte sich die Kategorie des Neuen aufgelöst, das prägende Prinzip geschichtlicher Entwicklung; der Mythos, Anfangsstadium der Aufklärung, hätte uns eingeholt und alle Mühe, ihm zu entkommen, wäre vergeblich gewesen. Wir stünden am Ende dort wieder, wo wir begonnen haben. Wiederholung ist in der Tat das Bewegungsgesetz des Mythos. Da diesem Gesetz zufolge alles schon einmal dagewesen ist, wären die Kräfte der menschlichen Erkenntnis und des Handelns lediglich darauf zu richten, die Scheinwelt des Neuen zu zerbrechen und aus den Trümmern das alte Wahre, das es schon immer gegeben hat, zu retten.

Der vorläufig letzte und wohl überzeugendste Akt in dieser Götter- und Götzendämmerung der Fortschrittsgestalten, die den Bannkreis der Wiederholung und der Wiederkehr des Gleichen zu brechen unternommen hatten, zeigt den Niedergang und Verfall des Sozialismus. Tiefer kann eine Idee wohl kaum herabsinken, als auf einen Punkt, wo selbst die, die sich fortwährend auf sie beriefen und in ihrem ganzen Leben sich auf sie verpflichtet glaubten, nunmehr noch die Erinnerungsspuren dieses Namens tilgen möchten.

Hegel hatte von der Geschichte als dem Weltgericht geprochen; seitdem fühlten sich große Sozialisten, die Niederlagen einzustecken und Massen-Opfer in den Klassenkämpfen zu beklagen hatten, immer wieder mit der Hoffnung getröstet, eines Tages werde das Urteil der Geschichte ihnen Recht geben. „Nach Hitler kommen wir!" - diese von einem kommunistischen Reichstagsabgeordneten bei seiner Verhaftung formulierte selbstbewußte Einbindung von Mühe und Leid in ein metaphysisches Sinnschema der geschichtlichen Fortschrittsstufen ist endgültig zerbrochen. Fritz Sternberg, ein bedeutender Gesellschaftsanalytiker der 20er und 30er Jahre, demokratischer Sozialist seit frühester Jugend, hatte in seinem 1951 in New York erschienenen Buch: „Kapitalismus und Sozialismus vor dem Weltgericht" eine Prognose gewagt. Er sagte: „Der Kapitalismus wird das Jahr 2000 kaum erleben. Aber noch weiß niemand, wer sein Erbe ist."

Das geschichtliche Weltgericht, wenn es denn eines geben sollte, scheint heute und endgültig einen genau entgegengesetzten Urteilsspruch gefällt zu haben: Der Sozialismus und alles, was wir bisher an Emanzipationshoffnungen mit der Arbeiterbewegung, ihren Theorien und Organisationsformen verknüpft hatten, wird das Jahr 2000, von dem uns weniger als 10 Jahre trennen, kaum erleben.

Hier setzen aber meine Zweifel ein; die heutigen Sieger der Geschichte, im Rücken den überwältigenden Realitätsschub von Kapital, Geld, Markt und politischer Macht, haben ihre Triumphzüge mit wilhelminischem Pomp und mit unverhohlenem Genuß an der unerwarteten Bestätigung ihrer Lebensfähigkeit veranstaltet. Was ihren Sieg ausmacht, verdankt sich jedoch nicht der Überzeugungskraft eines Weges, der ins nächste Jahrhundert führt, sondern der an ihren unlösbaren inneren Problemen zugrunde gegangenen stalinistischen Perversion des Sozialismus.

2.

Aus dieser geschichtlich verfahrenen, unter keinen Umständen nach Siegern und Verlierern aufrechenbaren Situation, in der sich die gesellschaftlichen Probleme in gewaltigen Materialmassen vor uns auftürmen, aber die Arbeit der öffentlichen Zuspitzung der Widersprüche und der Thematisierung der verzerrten Maßverhältnisse fast vollständig verlorengegangen ist, kann nur der Weg einer gleichsam *angehaltenen geschichtlichen Besinnung führen*, - ein Stillhalten, das für einen Augenblick die Logik der Beschleunigung, der Bewegung ohne Zielinhalt bricht: Gesellschaftliche Bilanzen, Dokumentationen von Gleichzeitigkeit wie in einer wurzelartig verflochtenen Ausstellung wären angemessene Ausdrucksformen eines solchen Einstehens der Zeit.

Man sage nicht, das sei abstrakt und akademisch, in der geschichtlichen Bewegung selber die Distanz ihrer Reflexion zu gewinnen; die Gegenwart als ein geschichtliches Problem zu behandeln, das *kollektive Gedächtnis der Menschen zu pflegen und zu erweitern*, gehört zu den Lebensbedingungen der menschlichen Gattung, wie die gesunde Luft, die wir zum Atmen benötigen oder das Wasser, das wir trinken.

In diese von mir als notwendig erachtete gesellschaftliche Bilanz, die sorgfältig Einnahmen und Ausgaben, Fortschritt und Elend aufführt, müßten heute auch Überlegungen abwägender intellektueller Redlichkeit eingehen, ob es denn zutreffe, daß die vor unseren Augen sich abspielende Selbstauflösung der vom Stalinismus geprägten, von menschlich ausgehöhlten Bürokratien mühsam am Leben erhaltenen Gesellschaftssysteme zwangsläufig alles in diesen Absturz hineinziehe, was je im Namen des Sozialismus geschah, ja mit dem Namen „Sozialismus" verknüpft ist.

Denn die sozialistische Utopie, als deren Eckpfeiler seit gut 150 Jahren soziale Demokratie, unentfremdetes System gesellschaftlicher Arbeit und Menschenrechte gelten, hat doch ganz andere geschichtliche Quellen als die, welche Rußland zu Beginn des Jahrhunderts den Realitätsvorteil der ersten gelungenen sozialen Revolution verschafften. Die sozialistische Utopie hat, seit ihren Ursprüngen, die reiche Gesellschaft zu ihrer Grundlage, nicht die gerechte Verteilungsnotwendigkeit der Armut oder den atemlosen Konkurrenzkampf der nachgeholten Industrialisierung. Nicht das Ende der Geschichte scheint gekommen zu sein, sondern vielleicht ist es ihr Anfang, der sich in den gegenwärtigen Umwälzungsprozessen in aller Robustheit ankündigt? Das Ende der Vorgeschichte, die den Menschen nur mitschleifte als unvermeidliches Anhängsel, wäre das nicht an der Zeit? Die *Phantasie* ist nicht an die Macht gelangt, wie eine Parole des Pariser Mai 1968 es forderte, aber vieles von dem, was das anstößige Jahr '68 aufgeführt hat, hat sich als keineswegs machtlos erwiesen, sondern ist in Arbeitsprozesse eines bohrenden Eigensinns eingegangen, in unermüdlicher Maulwurfsarbeit, aus der sich eines Tages vielleicht auch, nach der Selbstauflösung der falschen Wirklichkeiten der Sozialismus, eine neue tragfähige Form des Sozialismus bilden könnte, die in der menschlichen Phantasie geschichtlich ja auch immer schon entworfen wurde.

Die Rückgewinnung eines *kollektiven Gedächtnisses* der Linken, in der neu definiert wird, was ein wahrhaft demokratischer Sozialismus sein könnte, ist Grundbedingung für politische Zukunftsperspektiven unserer Gesellschaft. Die 68er Bewegung verleiht diesem Begriff eines *authentischen Sozialismus* neue charakteristische Merkmale, von denen modernes alternatives und widerständiges Handeln überhaupt nicht mehr absehen kann.

3.

Auf die zur Zeit übliche Frage: was bleibt? - Ob die 68er Bewegung gescheitert sei oder bis in unsere Tage hinein Wirkungen gehabt habe, gibt es nur komplizierte, in jeder Hinsicht vermittelte, aber keineswegs ausreichende Antworten. Die Hauptantwort besteht darin, daß das meiste von dem, was von den 68ern ausdrücklich politisch *gewollt* wurde, was sie planten und an Parolen herausgegeben haben, keine über die Zeit hinausgehenden Wirkungen gehabt hat, heute wie Makulatur behandelt werden muß. Vieles von dem, was *unterirdisch* gelaufen, *mit-gelaufen* ist und in der politischen Werteskala eher eine marginale Stellung gehabt hat, was aber in der Bewegung angestoßen wurde und Organisationsphantasie auf sich zog - vieles von diesen Prozessen hat die kulturelle Szene, hat Denkweisen und Lebensstile der Menschen grundlegend verändert.

Bevor ich das, was ich mit dieser Gegenläufigkeit zum angestrengten und ausdrücklichen Wollen und den unbeabsichtigten Nebenfolgen meine, im einzelnen begründen werde, möchte ich einige prinzipielle Anmerkungen zur geschichtlichen Lokalisierung der *Protestbewegungen* der Studenten und der Jugendlichen machen. Sie sind weniger *Verursacher* gesellschaftlicher Veränderungen als vielmehr deren Symptome und Ausdrucksformen, vielleicht auch Katalysatoren, die Prozesse der Trennung und der Verbindung beschleunigen und ein breites organisatorisches Experimentierfeld entwickeln. Nimmt man die Protestbewegungen als solche *Ausdrucksformen* gesellschaftlicher Bruchstellen, in denen wilde Kämpfe ausgefochten werden, die in ihren formulierten Absichten heute nur als realitätslos, ja lächerlich erscheinen können, dann wird plausibel, was Hegel und Engels mit dem

Begriff der Ironie der Geschichte bezeichnen wollten. Engels sagt, mit Blick auf einen zur Gewaltaktion verkürzten Revolutionsbegriff: „Die Ironie der Geschichte stellt alles auf den Kopf. Wir, die 'Revolutionäre', die 'Umstürzler', wir gedeihen weit besser bei den gesetzlichen Mitteln als bei den ungesetzlichen und dem Umsturz."

Es waren 68er, die aus der Erfahrung, daß das System die überfällige Aufarbeitung der faschistischen Vergangenheit blockierte und nur zögernd und fragmentarisch darauf einging, den Schluß zogen, daß es sich hierbei um ein *latent* faschistisches System handle. Wer diese Wirklichkeitsanalyse unterstellte, mußte sich völlig frei fühlen in der Wahl der Gewaltmittel, diesem System Widerstand zu leisten: „...und natürlich kann geschossen werden" (wie Ulrike Meinhof es später ausdrückte). Der tödliche Irrtum hat zehn Jahre gewährt, und er hat nichts an Produktionsprozessen hinterlassen, an die heute anzuknüpfen wäre - außer der Lernaufforderung, daß terroristische Praktiken nie für Emanzipationszwecke einsetzbar sind, daß Befreiungsbewegungen nie frei sind in der Wahl ihrer Mittel. Die Absicht der RAF, durch exemplarische Anschläge das System zu erschüttern, hat nur die Vergrößerung des Sicherheitsapparats bewirkt.

Es waren 68er, die auszogen, um mit festem Schritt und Tritt und eiserner Disziplin den gesunden Kern des Proletariats aus seinen reformistischen und revisionistischen Schalen zu lösen. Sie haben den Anti-Intellektualismus in der Arbeiterschaft vergrößert, aber keinen einzigen Arbeiter für die Revolution gewonnen. Studentische Berufsrevolutionäre, die sie waren, mußten sie schließlich anerkennen, daß revolutionäre Veränderungen mehr erfordern als die fleißige Sammlung von Gleichgesinnten. Sie wollten mit dem Beispiel ihrer Organisationen der anti-autoritären Bewegung den Zahn der Spontaneität ziehen, und haben doch nur dazu beigetragen, daß die Organisationsmüdigkeit wuchs. Dem verdinglichten, zur Substanz erhöhten Begriff der Revolution entspricht die verdinglichte Wirklichkeit, die keinerlei Risse und Widersprüche kennt, entweder mit einem Schlage gesprengt werden kann oder gar nicht. Es sind zwei Seiten desselben Irrtums.

Aber es waren auch 68er, die mit Energie und Umsicht, mit klarem Bewußtsein von Grenzen und kleinen Schritten daran gingen, die mühevolle Arbeit in den einzelnen Berufsfeldern aufzunehmen; als *Revolutionäre im Beruf* verstanden sie sich, nicht als *Berufsrevolutionäre*. Sie nahmen den moralischen Impuls der Bewegung auf und organisierten nach Interessen, nicht nach gleichgesinnten Köpfen. Die Protestkultur lebte eben nicht nur von der Straße, und die leicht faßlichen Formeln „Gewalt gegen Sachen - keine Gewalt gegen Personen" oder die andere vom „langen Marsch durch die Institutionen", hatten für die, die Veränderungen im konkreten Interessenzusammenhang der Menschen bewirken wollten, keinerlei politische Bedeutung. Ein Betriebsrat kann nicht, will er Einfluß auf seine Kollegen behalten, seinen Industriebetrieb als Durchmarschgebiet betrachten, und unter welchen Bedingungen er von der Erlaubnis, Gewalt gegen Sachen zu üben, Gebrauch machen sollte, wird ihm auch viel Kopfzerbrechen bereiten.

In den Erziehungsbereichen, in der Sensibilität für Verletzungen der menschlichen Integrität und der Proportionen der Lebenswelt, überall dort, wo das Verhältnis von Politik, Moral und Macht öffentlich thematisiert wird, sind Wirkungen der 68er Bewegung spürbar. Schließlich ist vor gut zwanzig Jahren die kulturelle Hegemonie, der geschlossene Zusammenhang der konservativen Gesellschafts- und Weltinterpretation in Frage gestellt worden, und sie hat, trotz größter Anstrengungen und erheblicher Machtmittel, auch unter den heutigen günstigen Bedingungen in einer der Vergangenheit, d.h. der Restaurationsordnung der Nachkriegsgesellschaft vergleichbaren Form, nicht wieder hergestellt werden können. Die politisch-kulturelle Sozialisation der Menschen, Urteilsfähigkeit und Widerstandsgeist, sind es schließlich, worin sich die größten Wirkungen und Nachwirkungen der 68er Bewegung zeigen.

Da ist zunächst die Form der Öffentlichkeit zu nennen, die politische Erweiterung des Ausdrucksvermögens menschlicher Interessen und Bedürfnisse. Die Demonstrationsöffentlichkeit stand '68 im Blickfeld der Aufmerksamkeit der Medien; aber unterhalb dieser offiziellen Ebene, im Gehölz der praktizierten Lebensentwürfe, hat sich ein differenziertes Spektrum alternativer Öffentlichkeiten herausgebildet. *Herrschaft lebt von Nicht-Öffentlichkeit.* Eine wesentliche Voraussetzung basisdemokratischer Mobilisierung von Interessen und Bedürfnissen ist die Herstellung von kritischer Öffentlichkeit vor Ort, wo der wirkliche Produktionsprozeß stattfindet, nicht auf den allgemeinen Marktplätzen und in den Vereinslokalen. Was die Studenten und Jugendlichen von '68 praktiziert haben, davon leben heute noch die Demonstrationsformen der Stahlarbeiter des Ruhrgebiets und der neuen Bundesländer, nicht daß diese wüßten, wann und wo die Blockadetechniken entwickelt wurden; aber sie gehören zum selbstverständlichen Arsenal einer Protestkultur. Das hat für deutsche Verhältnisse eine ganz andere Bedeutung, als in den Ländern entwickelter bürgerlicher Demokratien; denn zur Herstellung von Öffentlichkeit reicht die bloße *Veröffentlichung* von Meinungen und Gesinnungen nicht aus. Der Mangel an entfalteter bürgerlicher Öffentlichkeit in Deutschland, wo das liberale Bürgertum sich ja nicht *gegen* den feudalabsolutistischen Staat, sondern *mit* ihm emanzipiert hat, hat dazu geführt, daß *öffentliche Interessen*, mehr als in anderen Ländern bürgerlicher Demokratien durch den Staat definiert werden. Deshalb gehört hierzulande zur Herstellung von Öffentlichkeit ein Moment von Provokation, der begrenzten Regelverletzung, welche die Decke verdinglichter Verhältnisse aufbricht.

Aber auch der Begriff der Politik hat sich im Verlauf der vergangenen fünfundzwanzig Jahre geändert. Daß Politik sich von den Lebenszusammenhängen der Menschen, der Basis, nicht trennen könne, dieser Grundsatz ist eine Fernwirkung der 68er Bewegung. Wo Parteien dieses *Basiselement* spontaner Selbstorganisation nicht aufgreifen (was Lenin z.B. in der Periode von der Februar- zur Oktoberrevolution tatsächlich noch getan hat), werden sie mit erstaunlicher Regelmäßigkeit in die Rolle bloß kontrollierender und disziplinierender Organisationen gedrängt. Sie fangen an, das in den Massenaktionen selber steckende politisch-organisatorische Element von der Erfahrungsbasis der Massen abzutrennen und in Gestalt von Direktiven, Beschlüssen nachträglich und von außen wieder in die Massen hineinzutragen. Zahlreiche Beispiele aus der Geschichte der Arbeiterbewegung belegen, daß ein solches Verfahren stets zum Scheitern geführt hat. Das bedeutet keine Fetischisierung der Spontaneität; wer Spontaneität zu einem unter allen Bedingungen wirksamen, jederzeit erfolgversprechenden Mechanismus formalisiert, drückt damit nur die eine Seite des bürokratischen Organisationsmodells aus; auf dem ausgedörrten und kalten Boden des Pflasterstrandes gedeihen Bedürfnisse nach menschlicher Nähe zum Staat. Den spontanen Empfindungen und Träumen, die sich zum Prinzip verdinglichen, ist politisch zu mißtrauen.

Veränderungen im Erziehungsmilieu sind vielleicht die greifbarsten. Pflanzschulen der Erziehung sind geblieben, von Anstößen, die Eltern der 68er Generation gaben, und sie haben sehr viel Mühe darauf gewandt, dem Begriff des *Anti-Autoritären*, der im Schwange war, die Richtung eines Arbeitsprozesses zu geben, von Regeln der Zeit und des Raumes. Selbstregulierung war das Stichwort, das die Grenzen zum Alten benannte - zu einem Alten, von dem die, die mit Kindern zu tun hatten, sehr genau wußten, wie sehr es in die Katastrophengeschichte des zwanzigsten Jahrhunderts eingebunden war; der Studienrat hatte schon den Massenselbstmord von Langemarck im Ersten Weltkrieg mit verschuldet. Stalingrad und die Unfähigkeit, nach der Katastrophe wenigstens eine Zeit des Atemschöpfens und der Trauer einzuschieben, bevor der bienenfleißige Wiederaufbau einsetzte, waren auch Resultate einer Erziehung, die jetzt niemand mehr wollte. Allerorten bildeten sich pädagogische Experimente der Selbstregulierung, die so sehr ins Alltagsbewußtsein von Eltern und Erziehern eingegangen sind, daß heute niemand mehr die Ursprünge in Erinnerung hat. Das gehört zu den Resultaten der 68er Bewegung, die geräuschlos in das kulturelle Erziehungsklima eingegangen sind.

Schließlich haben Erfahrungen dieser Zeit Lernprovokationen bewirkt, durch die eine *neue* Dialektik von Theorie und Praxis erkennbar wurde. In diesen ganzen Irrwegen ist auch die Erkenntnis gewachsen, daß die erste Aufgabe der Theorie nicht *die* ist, in Praxis umgesetzt zu werden. Als der junge Lukács, der „Geschichte und Klassenbewußtsein" geschrieben hatte, nicht zufällig übrigens in den Jahren 1922/23, als in Europa die letzten Hoffnungen auf revolutionäre Umwälzungen zerbrachen, der *Organisation* die Funktion zusprach, weltgeschichtliche Theorie in Praxis umzusetzen, hatte er einen der gefährlichsten und folgenreichsten Irrtümer auf den Begriff gebracht. Gerade die zwanzig Jahre nach '68 haben, nicht nur in den vertrauten Verhältnissen *unserer* Gesellschaft, sondern auch in China und der Sowjetunion, geschichtlich viel bedeutenderen Ländern, durch die *Praxis* in einer der Logik entsprechenden Beweiskraft gezeigt, daß Theorie weder in Praxis umgesetzt werden kann noch eine solche Aufgabe hat.

Wo das im Ernst versucht worden ist, ist es die mildeste Form, daß das Scheitern den Menschen bewußt wird; wo es gelingt, kann es im Extremfall praktische Konsequenzen haben, wie in Kambodscha nach der Befreiung, daß europäische Revolutionstheorie im agrarischen Zuschnitt Pol Pots auf eine im Kolonialstil urbanisierte Gesellschaftsordnung übertragen und mit Gewalt umgesetzt wird. Was sich aus dieser konkreten Erprobung des im Marxismus immer wiederholten, aber dem Geist des Marxschen Denkens zutiefst widersprechenden Grundsatzes, daß Praxis das Wahrheitskriterium der Theorie sei, ergeben hat, sind Millionen von Schlachtopfern im gestohlenen Namen von Revolution.

Theorie hat die Aufgabe der Orientierung. Sie muß ihre Distanz zur Praxis bewahren, um ihren Wahrheitsgehalt zu retten. Sie hat Grundbedingungen der Praxis aufzuklären, zu benennen, nicht selber virtuelle Praxis zu sein. Die in Praxis *umgesetzte* Theorie hat ihre kritische Funktion schon verloren, ist schon auf Verteidigung und Legitimation abgerichtet. Das hatte Adorno, in politischer Agitation überhaupt nicht geübt und den an seine Theorie gerichteten Praxisanforderungen eher hilflos ausgeliefert, gleichsam instinkthaft den Studenten, *seinen* Studenten mitgeteilt, weil er eben die *Struktur* des intellektuellen Produktionsprozesses aus eigenen lebendigen Erfahrungen kannte und damit den Unterschied zwischen *Reflexionszeit* und *Aktionszeit*.

Hinter diese Erfahrungen können Emanzipationsbewegungen nicht zurückfallen; das bestehende Herrschaftssystem kann auf Theorie verzichten, kann mit Machtvorteilen angereicherte Theoriefragmente und ideologische Versatzstücke anbieten, um Herrschaftsverhältnisse zu dekorieren. *Keine Emanzipationsbewegung kann auf Theorie verzichten;* denn nur *sie* geht zunächst, indem sie Zusammenhänge herstellt, an die *Wurzel* der Verhältnisse, und die praktischen Schritte müssen daran ihr Maß haben. Der emphatische Nachdruck, mit dem ich die *politischen* Funktionen einer kritischen Theorie in den Vordergrund rücke, entspringt der Erfahrung, daß die mechanistischen Störungen in der Dialektik von Theorie und Praxis politisches Handeln orientierungslos machen.

Eine Bilanz dieser Zeit mag so abgewogen und nüchtern sein, wie gegenwärtig nur möglich. Eine wirklich aufrichtige Geschichte der 68er ist noch nicht geschrieben; zu viele dieses politischen Jahrgangs sind noch am Leben.

Da wir, wenn wir moralisch aufrichtig sein und dem Prinzip intellektueller Redlichkeit folgen wollen, alles *neu* durchdenken müssen, nicht zuletzt auch *unseren Begriff von Sozialismus* und alternativem Handeln, ist die Überprüfung unserer eigenen Vergangenheit, was wir für wichtig und verabschiedungswürdig halten, unbedingte Voraussetzung einer Regeneration linker Politik.

Uwe Kremer

Über den Reformismus und seine Kritiker

1.

Die Diskussion um das Verhältnis von „Reform und Revolution" gehört spätestens seit der legendären Kontroverse zwischen Rosa Luxemburg und Eduard Bernstein zu den festen Bestandteilen des sozialistischen Diskurses - wobei diese Kontroverse in diesem Jahrhundert in immer neuen Variationen (und Verkleidungen) durchgefochten worden ist: Zuletzt in der ersten Hälfte der 70er Jahre, als der sozialdemokratische Reformismus eine Hochzeit und die linke Reformismus-Kritik ein großes Revival erlebten. Fangen wir mit den Kritikern an. Auf der einen Seite existierte - vor allem in der „antirevisionistischen" Linie - eine zumeist ahistorisch-objektivistische Definition des Reformismus als abgeleitetes Phänomen der Kapitalbewegung und der mit ihr verbundenen Verkehrungen im Massenbewußtsein, dem man mit theoretischer Aufklärung und/oder radikaler Massenbewegung von unten beikommen müsse (die Vorstellung eines „Bruchs mit dem Reformismus"). Auf der anderen Seite dominierte eine politizistisch-voluntaristische Auffassung, die den Reformismus als Konglomerat von ideologischen Verirrungen und/oder strategischen Fehlentscheidungen, von kapitalistischer Sozialintegration und begrenzter Interessenvertretung verstand, was vor allem in der eher „traditionalistischen" Linie vorherrschte: der Reformismus als Resultat eines Spiels Äußerer Kräfte (bürgerliche versus marxistische, fortschrittliche Massenbewegung versus herrschende Klasse) bzw. als bürgerlich-sozialistischer Bastard. Aber eines war allen linken Reformismus-Kritikern offenkundig gemeinsam: Daß man nämlich dem Reformismus nicht nur absprach, den Sozialismus als Wirtschafts- und Gesellschaftsordnung durchsetzen zu können (was richtig ist), sondern auch seine Fähigkeit prinzipiell in Abrede stellte, überhaupt eigenständige politisch-gesellschaftliche Projekte zu entwickeln (was falsch ist).

2.

Die bourgeoise Reaktion, die sich politisch-ideologisch als Neokonservatismus und Neoliberalismus seit Mitte der 70er Jahre breit machte, erwies zwar das Illusionäre bestimmter Grundannahmen des Reformismus - vor allem seiner Vorstellungen von der Kontinuität des Reformprozesses und der ihnen zugrundeliegenden Annahmen von der Abschwächung der Klassengegensätze und des ökonomischen Krisenzyklus: Was wir in den vergangenen 20 Jahren erleben mußten, war ja in der Tat härtester Klassenkampf vor dem Hintergrund tiefgreifender kapitalistischer Wirtschaftskrisen. Aber auf der anderen Seite richtete sich der ökonomische und soziale Revanchismus gegen einen real existierenden Reformismus bzw. ein bis dato erfolgreiches historisches Projekt. Mit dem keynesianischen Wohlfahrtsstaat kam es zum Eintritt der breiten Massen in die ökonomisch-sozialen und die politischen Strukturen der bürgerlichen Gesellschaftsformation - was einerseits durch die Verknüpfung von allgemeinen demokratischen Regeln und Massenorganisationen der Arbeiterbewegung und auf der anderen Seite durch die Produktions- und Konsumtionsweise des Fordismus gewährleistet wurde. Er stellte zugleich einen Klassenkompromiß dar, der vielfach mit einer bedeutsamen Veränderung der sozio-politischen (Korporatismus) und der politisch-ideologischen Strukturen (Verallgemeinerung von Werten der Arbeiterbewegung) einherging. Vielen „revolutionären" Linken wurde erst durch den bürgerlichen Revanchismus klar, daß der Sozialstaat keine Illusion war, sondern daß die neokonservativen und neoliberalen Kräfte und die sie tragenden Kapitalfraktionen den sozialstaatlichen Klassenkompromiß deswegen aufkündigten, weil es sich dabei um eine strukturelle Realität handelte, die nunmehr - die ökonomische Krise bot eine günstige Gelegenheit - grundlegend verändert werden sollte.

3.

Im Unterschied zu den oben referierten Reformismus-"Analysen", die bei allen „marxistischen" Verrenkungen im wesentlichen auf normativ vorgefertigten Schablonen über den „richtigen" (Weg zum) Sozialismus beruhten, sollte meines Erachtens als einfache Definition gelten: Reformismus ist das, was dabei herauskommt. Nun, die international vergleichende (in Deutschland schwach vertretene) Politikforschung hat einigermaßen überzeugend nachweisen können, daß die stärksten wohlfahrtsstaatlichen Modifikationen der bürgerlichen Gesellschaftsformation dort zu verzeichnen waren, wo es einer sozialdemokratischen Massenpartei und einer mit ihr verbundenen sozialdemokratisch geprägten Einheitsgewerkschaft über einen längeren Zeitraum gelang, im politischen und sozialkulturellen Raum hegemoniale Positionen einzunehmen und sozial-ökonomisch einen wirklichen Klassenkompromiß mit dem Kapital zu realisieren - nämlich in Ländern wie Schweden, Norwegen und Neuseeland, daneben aber auch in Österreich, Australien und Israel. Indem der sozialdemokratische Reformismus von einer Strömung der Arbeiterbewegung zu einem Projekt überging, konstituierte er sich - prototypisch in Form des „schwedischen Modells" - als „real existierender Sozialismus" sozialdemokratischer Prägung: Denn der Sozialstaat, der dadurch geprägte Sektor der Verteilung von Reichtum und der Erbringung von Dienstleistungen und die mit ihm verbundenen Formen gewerkschaftlicher Mitbestimmung und genossenschaftlicher Kooperation waren zwar funktional und über den Klassenkompromiß auf die kapitalistische Akkumulationslogik bezogen, welche in ihrer monopolkapitalistisch-fordistischen Ausprägung in der Produktion dominierte. Gleichwohl beinhaltete er selbst eine andere, „gemeinschaftliche" bzw. solidarische Logik.

4.

Im gleichen Zeitraum verteilte sich die Kontroverse zwischen „Reformismus" und „revolutionärem Sozialismus" im geopolitischen Raum: Der Reformismus etablierte sich als „Sozialismus" der industriell-kapitalistischen Metropolen, der revolutionäre Sozialismus als „Sozialismus" der Peripherien des Weltmarktes, wobei in beiden Fällen - aber unter sehr unterschiedlichen Bedingungen - „sozialistische Elemente" hervorgebracht wurden. Beiden Versionen des „Realsozialismus" gemeinsam war die starke Rolle des Staates bei der Entwicklung dieser Elemente bzw. gemeinschaftlicher Regelungen gegenüber der Logik kapitalistischer Akkumulation und bürgerlicher Bereicherung. Dabei galt für die reformismuskritische sozialistische Linke in den Metropolen: Was sie sich in ihren verschiedenen Verzweigungen auch immer über sich selbst einbildete und wie auch immer ihre Identitäten durch Bezüge auf die Peripherie (Sowjetunion, China, Kuba usw.) bestimmt waren - in den Metropolen selbst war sie objektiv der linke Flügel des keynesianisch-wohlfahrtsstaatlichen Projektes (und damit in gewisser Weise auch des Reformismus). Die „antimonopolistischen" Konzeptionen der kommunistischen Parteien der Nachkriegsära waren im übrigen selbst über weite Strecken ausgesprochen reformistisch angelegt. Auch die häufig radikaleren Vorstellungen der „Neuen Linken" (und sie selbst) waren in vielerlei Hinsicht das Produkt der zuvor entwickelten sozialstaatlichen Strukturen (insbesondere des Bildungssystems).

5.

„1968" markierte in den entwickelten kapitalistischen Ländern nicht nur den Aufbruch von progressiven Bewegungen und einer darin enthaltenen „Neuen Linken", deren Systemkritik auch und gerade den Reformismus einschloß. In den darauf folgenden Jahren kam es nicht nur zu einer internationalen Stärkung des sowjetischen Blocks und zu erheblichen Erfolgen der anti-imperialistischen Befreiungsbewegungen. Vielmehr fand in dieser Zeit auch ein regelrechter Triumphzug des Reformismus in den kapitalistischen Metropolen statt: Nie waren der Organisationsgrad der reformistischen Massengewerkschaften so hoch und die Mitgliedschaften und Wähleranteile der sozialdemokratischen Parteien so stark entwickelt. Es handelte sich also um einen parallelen bzw. gemeinsamen Vormarsch jener miteinander verfeindeten Kräfte der Linken. Diese Verkettung trat dann im Zeitraum nach 1975 allerdings auch in umgekehrter Weise hervor. Mit dem Reformismus gerieten auch seine Kritiker in die Defensive.

Außerdem darf nicht übersehen werden, daß sich der internationale Vormarsch der kapitalistischen Reaktion im gleichen Zeitraum auch gegen das sowjetische Lager und die antiimperialistischen Bestrebungen der sog. Dritten Welt richtete - ein Zusammenhang, der von der Sozialdemokratie vielfach übersehen, spätestens aber in den Jahren nach 1989 evident wurde: Der Bankrott des sowjetischen Gesellschaftstyps und des kommunistischen Flügels der Arbeiterbewegung kam keineswegs der reformistischen Sozialdemokratie zugute - und auch nicht der unabhängig-radikalen Linken.

6.

Der Reformismus hat in den kapitalistischen Metropolen bislang zwei Stadien durchlaufen. Der klassische Reformismus vor der großen Weltwirtschaftskrise Ende der 20er Jahre fungierte vor allem als klassenzentrierte Interessenvertretung, stützte sich auf einen eigenständig organisierten politischen und sozialkulturellen Raum und verharrte sowohl strategisch (Arbeitsteilung Gewerkschaften - Partei) wie auch programmatisch (Wirtschaftsdemokratie - politische Demokratie) in der Sphärentrennung von Politik/Staat (bzw. ihren „Spielregeln") und Ökonomie/Markt (und ihren „Spielregeln"). Der keynesianisch-wohlfahrtsstaatliche Reformismus brach aus dieser Struktur aus, öffnete den politischen und sozialkulturellen Raum und setzte auf die Verflechtung der Sphären durch ein übergreifendes System zur Reproduktion der Lohnarbeit. In Schweden (und nicht nur dort) ging man in den 70er Jahren davon aus, daß eine „dritte Phase" folgen werde - nämlich die der industriellen Demokratie und der Investitionslenkung. Dem ist allerdings nicht nur die bürgerliche Gegenreform in die Quere gekommen. Vielmehr sind am Ende der „zweiten Etappe" auch die Spielräume für ein weiteres Wachstum von Massenproduktion und Massenkonsum, für verteilungspolitische Klassenkompromisse, für eine national-keynesianische Gestaltung der Beziehungen von Staat und Markt und für eine Fortführung des korporatistisch-etatistischen Politikmodells strukturell eingeengt worden.

7.

Der Horizont eines neuen reformistischen Projekts, neuer Kompromißbildungen und neuer Regulierungsmechanismen wäre substantiell zu erweitern - auf ein global tragfähiges System zur Reproduktion von Natur und Arbeitsvermögen, eine vorbeugende und weniger kostspielig kompensierende Sozialpolitik, eine Neuverteilung von Einkommen und Arbeitszeit und eine Erweiterung gesellschaftlicher Partizipation jenseits des korporatistisch-etatistischen Modells. Wenn heute über einen neuen Gesellschaftsvertrag in Anlehnung an den „new deal" der 30er Jahre gesprochen wird, so scheint es in historischer Perspektive genau um dieses „dritte Stadium" des Reformismus zu gehen. Es käme dabei auch und gerade darauf an, einen neuen ökologisch-solidarischen „deal" mit den in den 70er Jahren abgebrochenen Bemühungen um eine industrielle Demokratie und eine gesellschaftliche Einflußnahme auf die Investitionen zu verknüpfen. Unter diesem Blickwinkel kommt auch der rot-grünen Perspektive eine sehr viel grundlegendere Bedeutung zu. Und wie steht es um die Beziehung des neuen reformistischen Projektes bzw. „deals" zum Sozialismus? Erste Mutmaßung: Eine sozialistische Linke wird sich nur als „linker Flügel" eines neuen reformistischen Projektes re-formieren können. Zweite Mutmaßung: Das neue reformistische Projekt wird objektiv weitere „sozialistische Elemente" (Elemente bewußt-gemeinschaftlicher Regulierung) hervorbringen.

8.

Auch ein neuer Reformismus bedarf seiner Kritiker, die die Kontinuitäts- und Legitimitätsvorstellungen, die Reduzierung des Projektes auf einen Dauerkompromiß, die institutionalisierte An- und Einpassung und die Vernachlässigung bis hin zur Ausgrenzung von „Randgruppen" bis hin zu ganzen Schichten und Weltteilen als reformismus-immanente Tendenzen sowohl theoretisch wie auch in der Dynamik sozialer Bewegungen hinterfragen. Die Kritik schließt auch die Bereitschaft ein, den reformistischen Horizont in Ausnahmesituationen zu überschreiten. Vor allem aber geht es darum, den Sozialismus als radikale Utopie der Emanzipation nicht einem „realsozialistischen" Projekt (auch nicht mit rot-grüner Färbung) zu opfern. Der revolutionäre Sozialismus existiert vor allem in der Radikalität von Bewegungen und Kämpfen, Lebenseinstellungen und Diskursen, die sich allerdings nur in bestimmten historischen Ausnahmesituationen so verdichten lassen, daß der Horizont des Reformismus überschritten wird.

9.

Die Problematik des Reformismus und seiner Kritik von links war wohl immer schon, mit Sicherheit aber in den vergangenen 30 Jahren, auch und gerade eine Frage politischer Biographien. Wenn der Reformismus nicht nur als Projekt, sondern auch als eine „normale" Methodik definiert wird, so gilt dies nicht nur für die große Politik, sondern vor allem auch für die „kleine" bis hinein in den eigenen Berufs- und sonstigen Lebensalltag mit seinen Konflikten und Arrangements. Muß man sich festlegen, „Reformist" zu sein oder „Revolutionär" zu sein? Oder ist es möglich, einen positiven Bezug zum Reformismus wie auch zum revolutionären Sozialismus zu entwickeln und damit gut zu leben? Aus meiner Sicht - und so habe ich letztlich auch Peter von Oertzen verstanden - läßt sich der Marxismus nicht auf eine bestimmte - reformistische oder revolutionäre - Methodik gesellschaftlicher Veränderung festlegen. Man kann vergangene Einengungen bei vielen marxistischen Reformismus-Kritikern mit Blick auf ein neues Projekt insofern überwinden, wenn man den Marxismus als eine materialistische Theorie der Entwicklung sozialistischer Elemente in objektiver wie subjektiver Hinsicht versteht - einer Entwicklung, die sowohl die „normale" reformistische wie auch die „ausnahmsweise" revolutionäre Methodik, reformistische Projekte wie auch revolutionäre Brüche beinhaltet. Dies ist mit Blick auf einen neuerlichen „new deal" ebenso hilfreich wie für die selbstbewußte Gestaltung einer eigenen „sozialistischen" Biographie.

Frieder Otto Wolf

Die Alternativen „nach dem Kommunismus"

Einige elementare Fragen des heutigen Marxismus

Die Krise und schließlich das Scheitern des sogenannten „real existierenden Sozialismus" stellen auch die alternative Linke in Frage, d.h. diejenigen politischen Kräfte, die die soziale Emanzipation der Menschen als ihr zentrales Projekt an die Durchsetzung einer Alternative zum gegenwärtigen, durch die kapitalistische Produktionsweise bestimmten Gesellschaftszustand gebunden sehen.

Drei Leistungen werden ihnen dadurch abverlangt: Sie müssen ihr eigenes Verhältnis zu dieser Krise bestimmen, sie müssen den Grundgedanken der „Durchsetzung einer Alternative zum gegenwärtigen Gesellschaftszustand" genauer fassen und sie müssen inhaltlich überprüfen, was linke Theorie, vor allem der Marxismus, an grundlegenden Bestimmungen für dieses historische Projekt ausgearbeitet hat.

1. Der Zusammenhang der Krisen

Die Krise der kommunistischen Weltbewegung seit den 60er Jahren, die in den 70er Jahren offen ausgebrochene Krise des Marxismus und die Zusammenbruchskrise des „Realsozialismus" haben mit der alternativen Linken auf zwei Weisen zu tun: Zum einen mit ihr als einer emanzipatorischen Linken, die sich fragen lassen muß, wie weit ihr Projekt dem gescheiterten Projekt verwandt ist und ob es nicht in ähnlicher Weise zum Scheitern verurteilt ist. Dieser Frage werde ich durch eine inhaltliche Auseinandersetzung mit den theoretischen Problemen der historischen Kategorie des „sozialistischen Übergangs" nachgehen. Wie aber schon Masaryk in der ersten Krise des Marxismus in den 1890er Jahren erkannt hat, gibt es noch einen anderen Zusammenhang: Da auch die

Linke selbst Teil der bestehenden gesellschaftlichen Verhältnisse ist, so revolutionär und radikal sie such sein mag, ist auch ihre Krise als Teil der Krise des bestehenden Gesellschaftszustand zu begreifen. Auch die alternative Linke muß sich daher heute die selbstkritische Frage stellen, ob in ihrem Denken und Handeln nicht Elemente zu finden sind, die dem „alten Denken" der in die Krise geratenen Verhältnisse angehören und die sie selbstkritisch überwinden muß, um ihr Projekt wirklich auf der Höhe der Zeit verfolgen zu können. Dieser Gedanke stellt auch die Krise des „Realsozialismus" in den Horizont der Suche nach den historischen Alternativen - indem er dessen Scheitern nicht von vornherein als Ergebnis dessen versuchten Bruchs mit dem dominenten Gesellschaftsmodells betrachtet, sondern untersucht, wie weit grade das unkritische Fortwirken von Elementen des dominanten Modells zu diesem Scheitern geführt hat.

2. „Transformation" oder „Übergang"

Der historische Prozeß, den gegenwärtigen Gesellschaftszustand zu verlassen und eine „neue Gesellschaft" aufzubauen, ist offensichtlich nicht allzu einfach zu denken. Anders als der Bauplan im Kopf des Architekten bzw. im Büro der Bauleitung kann das politische Projekt, einen derartigen Prozeß auszulösen, nicht vorweg fertig ausgearbeitet und dann nur noch umgesetzt werden. In Auseinandersetzung mit frühsozialistischen Utopien sind im Marxismus zwei Kategorien entwickelt worden, mit denen diese Aufgabe gedacht werden konnte. Beide stellen uns heute vor Probleme. Es sind die Kategorien der „Transformation" und des „Übergangs". Das Problem, vor das sie uns stellen, liegt in der Art und Weise, wie in ihnen das gedacht wird, zwischen dem sie sich vollziehen: als feste „Formation" bzw. als statischer „Zustand". Diese geologischen bzw. physikalischen Metaphern haben jedoch ihre Grenzen, an denen sie Fehlorientierungen auslösen. Gemeinsam ist ihnen die Unterstellung, daß die Dynamik der „Übergangs"- bzw. „Transformations"-Perioden eine historische Ausnahme darstellt, während der Normalfall eher in das Feld der sozialen Statik (Comte) gehört. In dieser

Unterstellung scheint aber nichts anderes zu liegen als die uralte Utopie der regierenden Klassen, ein für alle Mal „Ordnung zu schaffen", d.h. Herrschaftsverhältnisse durchzusetzen, die keinen Widerstand, keine Rebellionen mehr hervorrufen. Denn sonst gibt es keinen Grund dafür, „stabile Verhältnisse" zu postulieren, die der Fähigkeit der Menschen, ihre Wünsche und Ängste immer neu zu bestimmen und dementsprechend auf immer neue Weisen miteinander zu handeln, ein für alle Mal Grenzen setzen würden. Auch die in der ökologischen Krise deutlich gewordene Endlichkeit des menschlichen Gattungslebens taugt nicht als Begründung für ein solches Postulat: Sie verlangt die Entwicklung eines bewußten Umgangs, die immer wieder zu erneuernde Herstellung einer nachhaltigen Proportionalität zwischen menschlicher Praxis und ihren Naturgrundlagen, nicht aber das Einfrieren des historischen Prozesses.

Die Kategorie der „Transformation" hat einen spezifischeres Problem: Sie verweist uns auf die Frage nach einem historischen Demiurgen, einem „Subjekt der Transformation", die in einem historischen Prozeß, der kein „Außerhalb" kennt, nur zu zirkulären Reflexionen führen kann, sowie auf ein Verständnis sozialer Verhältnisse durch „Formanalyse" (Reichelt, Bischoff), dessen Verhältnis zu hegelianischen Spekulationen bis heute nicht restlos geklärt ist. Insbesondere das aristotelisierende, teleologische Element in dieser Betrachtungsweise und der gesamte Rattenschwanz von Problemen, die sich an die Frage des „dialektischen Umschlags" (speziell die Fragen von „Negation der Negation", des „dialektischen Schlusses" und des „unendlichen Urteils") machen jeden Rückgriff auf die Transformationskategorie heute eher zu einem komplexen und schwierigen Forschungsprogramm als zu einer vorläufigen Problemklärung.

Die Kategorie des Übergangs ist historisch außer mit ihrem inhärenten Physikalismus (und damit Reduktionismus) mit einer gehörigen Dosis von historischem Determinismus belastet, vor allem in der von Stalin geprägten Tradition des Marxismus-Leninismus.

Ich schlage vor, diesen Problemen dadurch vorzubauen, daß wir unser Denken in diesem Punkt pluralisieren. Angesichts der ungeklärten Probleme der Hegeltradition, die dem Transformationsbegriff anhaften, beziehe ich mich auf den Übergangsbegriff und setze ihn in den Plural: „Übergänge".

Unter der vorsichtigen Voraussetzung, daß es mehrere Dominanzstrukturen gibt, die einer sozialen Emanzipation der Menschheit im Wege stehen, kann ich damit gesellschaftliche Zustände als Konfigurationen solcher Dominanzstrukturen begreifen, in Bezug auf die ich von Übergängen der De- und Restrukturierung sprechen kann, ohne damit Stabilität der Konfigurationen, deterministische Festlegungen u. ä. zu konnotieren.

Diese Kategorie dient uns zu einem kritischen Durchgang des inhaltlichen Denkens solcher „Übergänge" bei Marx und im Marxismus.

3. „Übergänge" emanzipatorischer Politik

Im Rückblick von den gegenwärtigen Problemstellungen und Auseinandersetzungen lassen sich schon bei Marx drei verschiedene Übergänge unterscheiden, um die es in seiner Theorie grundlegend geht:

a. der industrielle Übergang von einer langen Phase der Menschheitsgeschichte, die von einer grundlegenden, spezifischen „Naturabhängigkeit geprägt war, zu einer grundlegend neuen Phase, in der eine „bewußte Regulierung" des Stoffwechsels der Menschen mit der Natur möglich wird;

b. der sozialistische Übergang von der kapitalistischen Klassenherrschaft zur klassenlosen Gesellschaft;

c. der namenlos gebliebene Übergang von staatlich formierten Gesellschaften zu einer poststaatlichen Gesellschaftlichkeit („Absterben des Staates").

Diese Übergänge sind zwar bei Marx klar voneinander unterschieden, das Problem ihrer jeweils eigenständigen Materialität und Prozessualität ist aber so weit im Dunkeln geblieben, daß sich im Marxismus immer wieder Vorstellungen über ihre Reduzierbarkeit auf die Kategorie des sozialistischen Übergangs haben verbreiten können. Der erste Übergang konnte - als transitorische Mission der Bourgeoisie - für im Grunde bereits erledigt und daher unproblematisch gelten, der dritte als ein nicht weiter problematisches Epiphänomen des zweiten angesehen werden.

Außerdem haben sich im 20. Jahrhundert alle diese Übergänge, jeweils für sich betrachtet als höchst problematisch erwiesen: Die ökologische Krise hat die Frage aufgeworfen, ob der Gedanke einer „vollendeten Naturbeherrschung" der dem ersten Übergang unterlegt worden ist, überhaupt eine tragfähige Vorstellung ist; die Erkenntnis anderer Herrschaftsverhältnisse als des kapitalistischen Ausbeutungsverhältnisses - v.a. des patriarchalischen Geschlechterverhältnisses und der kolonialen bzw. postkolonialen Abhängigkeitsverhältnisse hat den Gedanken einer auf homogener Angleichung beruhenden klassenlosen Gesellschaft als problematisch erscheinen lassen; das Scheitern der Rätedemokratien und der anarchistischen Selbstverwaltungsversuche, ebenso wie die Erfahrung der Durchsetzung totalitärer Politikmodelle in nachrevolutionären Gesellschaften haben den Automatismus des „Absterbens des Staates" als eine unzureichende Vorstellung erkennen lassen. Die Aufgabe ist positiv zu formulieren, wie und auf welcher Grundlage eine Politik zu entwickeln ist, die wirklich zu einer Überwindung spezifisch politischer Herrschaftsformen führt.

Ein radikal emanzipatorisches Projekt wird daher heute an elementaren Punkten nicht nur radikaler sein müssen als der „mainstream" der marxistischen Tradition, sondern auch einigen elementaren Fragen weit bohrender nachgehen, als Marx dies tun konnte. Marx´ „unvollendetes Projekt" der Kritik der politischen Ökonomie ist nicht nur weiterzuführen und zu radikalisieren, sondern auch durch neue, andersartige Untersuchungen zu ergänzen: Die von Marx durchgeführte kopernikanische Revolution in der Gesellschaftstheorie, die den freien Willen der Individuen aus dem Zentrum der Geschichte verbannt hat, wird dafür unzureichend bleiben, wenn sie nicht drei weitere Dezentrierungen aufnimmt: die ökologische Überwindung der Daniel-Düsentrieb-Perspektive, die diskurstheoretische Dislozierung des Sprecher-Subjekts und die psychoanalytische Depotenzierung des bewußten Subjekts. Dieser Prozeß hat längst begonnen. Es ist also Grund zur Hoffnung.

Joachim Raschke

Die leidige, ungelöste Organisationsfrage

Die Stärke der SPD-Linken war immer die politikfeldbezogene Programmarbeit. Alternative Parteitheorie und Strategieüberlegungen, die den parteilinken Akteur mit Zielen, Organisation und der Parteiumwelt verbanden, gehörten eher zu ihren Defiziten. Die SPD-Linke formulierte wünschenswerte Ziele und hatte Probleme, sich selbst als strategisch handelnden Akteur zu reflektieren.

Es fällt auf, daß die Parteilinke auch bei der letzten Runde der Parteireform kein eigenes Organisations-Konzept vorlegte. Nur punktuell hatte sie spezifische Präferenzen, z.B. bei der Ausgestaltung weitergehender Mitgliederbeteiligung, wobei sie die Einflußmöglichkeiten von oben begrenzte. In Fragen der Parteiorganisation argumentiert die Parteilinke traditionalistisch und defensiv. Sie verteidigt die Programm- und Mitgliederpartei und engagiert sich für die Aktivendemokratie.

Die SPD ist bei ihrer jüngsten Organisationsreformdebatte der Frage ausgewichen, welchem Zweck die Partei dienen solle und welche strukturellen Anforderungen sich daraus ergeben. Bei der Stuttgarter Parteireform von 1958 wußten jedenfalls die Agenten des Wandels, was sie wollten: Den Übergang von der Massenintegrationspartei zur Volkspartei. Jetzt hat man für einige demokratisierende Regelungen kräftig bei den Grünen abgeschrieben, die doch selbst nicht sagen können, was für eine Art von Partei sie wollen und organisationspolitisch von der Hand in den Mund leben. Die Ausblendung der Zweckfrage, wie sie für das Reformprojekt »SPD 2000« galt, ist auch für die Parteilinke charakteristisch. Ich vermute, daß sie und die Partei insgesamt größte Probleme hätten, sich in der Zweckfrage zu verständigen.

Vielleicht gibt es keine Wahl mehr zwischen klar unterscheidbaren Organisationsmodellen, ist auch organisationspolitisch heute nur noch Zusammengesetztes, das vielberufene

»Patchwork« möglich. Keineswegs aber ist die Organisationsstruktur ein beliebiges Muster geworden. Nicht nur Ziele und Zwecke, auch Akteurseigenschaften und Umweltveränderungen gehen in sie ein.

Organisationspolitische Herausforderungen

Sozialer Wandel, der für die Organisation relevant wird, muß hier nur in Stichworten benannt werden. Die Veränderungen der *Sozialstruktur* zeigen sich in der Auflösung hundertjähriger Milieus, im Aufkommen neuer sozialer Großgruppen der Dienstleistungsgesellschaft und im postmaterialistischen Wertewandel, in gruppengestützter, wenn auch fluider Lebensstildifferenzierung und in Individualisierungsprozessen. Insgesamt verstärken sich Tendenzen zur *Entkopplung* von Sozialstruktur und Parteipräferenz, betrachtet man sie in traditionellen Kategorien der Zuordnung nach dem Muster: Gewerkschaftsmitglieder wählen »Arbeitnehmerparteien«. Möglicherweise haben wir es aber nur mit einem *Differenzierungsprozeß* zu tun, auf der Ebene der Sozialstruktur wie der Parteien. Im Ergebnis läuft beides auf das Gleiche hinaus: Parteien verlieren ihre sozialen »Heimaten«, »Wurzeln«, »Verankerungen« - oder wie immer die Metaphern gesellschaftlicher Selbstbindung ausfallen. Das vermehrt die politischen Optionen der Partei, verstärkt aber auch ihre Steuerungsprobleme. In den Wert- und Verhaltenswandel eingewoben sind Tendenzen verstärkter *Distanzbildung* zwischen Jüngeren und formellen politischen Organisationen. Sie verschärfen die Rekrutierungsprobleme von Parteien.

Zu den wichtigen Veränderungen der politischen Rahmenbedingungen gehört die Ausdifferenzierung des *politischen Aktionsrepertoires*. Seit den 60er Jahren kommt es zu einer Revitalisierung sozialer Bewegungen. Sie sind Trägerinnen unkonventioneller Aktionsformen und verursachen eine Diffusion solcher kürzer bindenden und häufig schneller wirkenden Aktionsformen. Insbesondere für jüngere BürgerInnen sind diese parteiexternen Handlungsweisen attraktiver als die traditionellen wahlkampf- und parlamentsbezogenen, nach innen gerichteten Aktionsformen. Die Wahl zwischen einer Ortsvereinssitzung und einer Demo fällt nicht schwer.

Der dritte Hauptfaktor sozialen Wandels ist der *Strukturwandel der Massenkommunikation*. Mediatisierung bedeutet, daß direkte politische Erfahrungen durch Gespräche mit politischem Inhalt (interpersonale Kommunikation) und durch politische Veranstaltungen im Vergleich zu den Massenmedien für den größten Teil der Bevölkerung nur einen geringen Stellenwert haben. Massenmedien bilden heute die Hauptquelle politischer Information; zwei Drittel der BürgerInnen benutzen täglich mindestens zwei der drei Medien, dabei kommt dem Fernsehen - mindestens für den Bereich nationaler und internationaler Politik - eine Führungsrolle zu. Insgesamt absorbiert der tägliche, vielstündige Medienkonsum Zeit- und Interesseressourcen der BürgerInnen in beträchtlichem Maße und prägt ihre Erwartungen auch gegenüber den verbleibenden politischen Praxismöglichkeiten (Informations- und Unterhaltungswerte!).

Das strategische Parteihandeln stellt sich auf die Bedingungen der Mediengesellschaft ein, betreibt seinerseits die Personalisierung und Professionalisierung der Öffentlichkeitsarbeit. Sach- und Inszenierungsdimension von Politik wachsen einerseits immer mehr zusammen, andererseits verstärken sie die Schizophrenien des politischen Lebens. Privilegiert werden die großen, etablierten Parteien und in den Parteien die oligarchisierten Führungsspitzen, die mit dem Staatsapparat verflochten sind. Auf diese Staats- und Fernsehakteure ist das Scheinwerferlicht gerichtet, die Aktiven stehen auf der Schattenseite der Entwicklung.

Die Trends gesellschaftlicher Entwicklung verdichten sich in der *Krise des Parteimitglieds*. Das einflußsuchende Mitglied muß bei selbstkritischer Analyse zugeben, daß der politische Prozeß durch seine Beteiligung nicht tangiert wird. Vielleicht fällt von Zeit zu Zeit und von Thema zu Thema im zweiten und dritten Kreis der Macht für Daueraktive noch benennbarer Einfluß ab, in den mittleren und äußeren Kreisen können sich aktive Mitglieder solche Illusionen - bezogen auf die Bundespolitik - nicht mehr machen. Die Erwartungen der Partei gegenüber den Mitgliedern/Aktiven (Geld, Wahlkampf, externe Kommunikation) und der Mitglieder/Aktiven gegenüber der Partei (politische Entscheidungsteilhabe, innerparteilicher Einfluß, interne Kommunikation) stimmen nicht überein. Lediglich das Rekrutierungsinteresse der Partei und das Einfluß- sowie das Patronageinteresse der aktiven Mitglieder gehen umstandslos zusammen. Darüberhinaus ergibt sich rationale Mitgliederaktivität nur noch für die kommunale Politikebene.

Folge dieser Entwicklungen ist, daß sich die Entkopplung der Parteiführung und die Krise der Aktivendemokratie zuspitzen. Die Parteiführung wird von Entwicklungen der Medien, Wahlen und Politikkonkurrenz abhängiger als von innerparteilichen Akteuren. Nur wenn Journalisten, Wähler und Aktive gegen sie stehen, geht es ihnen schlecht, die aktiven Parteimitglieder für sich entscheiden nur in altmodischen Theorien innerparteilicher Demokratie über ihr Schicksal.

Die »Funktionäre«, d.h. die ehrenamtlichen Parteiaktivisten, werden Zielscheibe von Angriffen aus verschiedenen Richtungen. Die Führungen sehen sich in ihrem strategischen Handeln gegenüber Stimmen- und Stimmungsmärkten eingeschränkt; Mitglieder fühlen sich »mediatisiert«; die modernen Massenmedien waren nie Freunde der unsichtbaren, nicht-personalisierbaren Aktivisten, diese dienen ihnen allenfalls als anonymes Widerlager *ihrer* Helden, Schurken und Versager, der prominenten Parteiführer. Innerparteiliche Personalplebiszite bei der Besetzung von Spitzenpositionen sind das aktuelle Mittel zur Brechung der Funktionärsherrschaft. Auf der Probe steht, ob Parteimitgliedschaft und kontinuierliche innerparteiliche Aktivität noch Sinn machen.

Zwecke der Parteiorganisation

Parteiorganisation wofür? Welchen Zwecken soll die Parteiorganisation vor allem dienen? Viele Vereinfachungen sind möglich, in unserem Zusammenhang führt die Gegenüberstellung eines Transmissions- und eines Angebotsmodells weiter.

Das *Angebotsmodell* beinhaltet die Präsentation eines sachlichen, personellen und symbolischen Angebots auf dem Wählermarkt, in Grobabstimmung mit den Handlungsmöglichkeiten einer aus den Wahlen hervorgehenden Regierungsmehrheit. Wahl- und Staatsorientierung sind dabei eng miteinander verbunden. Vorherrschende Sozialfiguren sind »politische Unternehmer«, Abgeordnete, Professionelle und Semi-Professionelle. Der primäre Fokus ist die Wahlkonkurrenz. Die amerikanische Plattformpartei ist das radikalste Beispiel eines Parteityps, bei dem das im weitesten Sinne professionelle Personal mit zielgruppenorientierten Angeboten auf Wählermärkten auftritt. Entscheidend sind Optionen und strategische Entscheidungen; soziale Bindungen und innerparteiliche Verpflichtungen legitimieren nicht per se, sondern werden Momente im Kalkül operativer Zentren.

Das *Transmissionsmodell* sieht die Partei als Förderband für gesellschaftlich verankerte Interessen. Die Verankerung kann in gesellschaftlichen Konfliktlinien liegen, die Politik strukturieren (cleavages). Häufig bedeutete »Transmission« ganz einfach die Übersetzung von Klassenkampf in Politik. Gesellschafts- und Konfliktorientierung liegen diesem Modell zugrunde. »Vergesellschaftung« und Demokratisierung im weitesten Sinne bilden seinen Fokus. Wahlen stellen nur ein Medium dar, durch das gesellschaftliche Energien zum Parlament fließen. Sozio-politische Aktivitäten auch über den Wahlkampf hinaus sind ebenso charakteristisch wie nicht-reduktionistische Parteivorstellungen. Typische Sozialfiguren sind ehrenamtliche Aktive, Parteiangestellte, Mitglieder, mit fließenden Übergängen zu »Aktivisten« und Kadern.

In beiden Modellen sind Organisationsstrukturen nicht zwingend, sondern mit einer beträchtlichen Bandbreite wählbar, allerdings nach Maßgabe des primären Parteizwecks auch nicht beliebig. Im Transmissionsmodell mag eine Kaderstruktur unter bestimmten Bedingungen legitimierbar sein, nur unter extremen Verhältnissen aber kann sie die Prinzipien einer demokratischen Massen-Mitgliederpartei ausschließen. Das Angebotsmodell kann sich strukturell auch für wechselnde Bewegungen offenhalten, die stabile Rahmenstruktur aus Professionellen wird damit nicht aufgegeben.

»Demokratisierung« gewinnt im Klassen-Transmissionsmodell klare Bedeutung: Kampf gegen den Konservatismus von Oligarchien, gegen die Fraternisierung von Parlamentsführungen, gegen die Kanalisierung des legitimen Basiswillens. »Öffnung« meint kein Abenteuer, sondern Wiederbefestigung gesellschaftlicher Rückbindung. So überholt solche Denkmuster einer »Organisation im Klassenkampf« wirken mögen, sie zeigen doch, was für eine Parteilinke nicht mehr existiert: ein anerkannter Zweck der Organisation und eine legitime gesellschaftliche Basis der Parteiorganisation.

Optionen

Das Transmissionsmodell der Partei ist historisch überholt. Eine nur defensive, auf Erhaltung traditioneller, links-minoritärer Einflußstrukturen in der demokratischen Programm- und Mitgliederpartei zielende Parteikonzeption wird durch die oben beschriebenen gesellschaftlichen Herausforderungen aufgerieben. Auch Reform macht das alte Schiff nicht mehr flott. Defensiv-reformerisch wird sich die Parteilinke zu einem gemütlichen, demokratischen Sektierertum entwickeln. Sie wird hinter den rascher erfolgenden, umweltorientierten Anpassungsleistungen der Parteiführungen zurückbleiben.

Der Grundsatzstreit über das Transmissionsmodell wurde schon beim Übergang zur »Volkspartei« ausgetragen und für die Wahlpartei entschieden. Heute sehen wir, daß die Volkspartei der 60er und 70er Jahre gesellschaftlich noch viel stärker verwurzelt war, als es die sozialdemokratische Großpartei der 90er Jahre ist. Deren Mobilisierungs- und Integrationsleistungen sind geschwächt, die verbliebenen sozialen Bindungen weiter gelockert, sie ist auf dem Weg zur reinen Wahlpartei, für die soziale, ideologische und historische Bindungen als Selbstwert keine Bedeutung mehr haben.

Parteien, die sich dem Angebotsmodell annähern, erscheinen - links wie rechts - als unausweichlich. Der Mitgliederpartei gehen die Mitglieder und die Aktiven aus, ihre Programmarbeit greift ins Leere, ihre Demokratisierung in Richtung auch der passiven Mitglieder betreibt nicht die Revitalisierung der Mitgliederpartei, sondern deren Subversion. Machtverluste der Aktiven werden auch zu Motivationsverlusten führen, ohne Aktivendemokratie wird sich die Balance zwischen Wahl- und Mitgliederpartei, die sich in der SPD hergestellt hatte, nicht mehr halten lassen. Linke Positionen müssen sich in Zukunft *innerhalb* des Trends zum Angebotsmodell bewähren. Die *»Rahmenpartei«* wird als ein Strukturtyp des Angebotsmodells an Bedeutung gewinnen.

Die mitgliederarme Rahmenpartei bezeichnet die wahrscheinliche Zukunft der SPD. Die Grünen, die erste auf postindustriellen Entwicklungstrends aufbauende Partei, sind auch als erste auf dem Weg zur Rahmenpartei. An anderer Stelle habe ich dargelegt, wie die grüne Rahmenpartei durch Selbstbegrenzung, Offenheit, serviceartige Vermittlungsleistungen und Professionalisierung definiert werden kann. Ein Konzept sozialdemokratischer Rahmenpartei steht noch aus. Es wird wohl keine sozialistische Rahmenpartei geben, aber »Sozialismus« in einer Rahmenpartei ist denkbar. Am Schluß sind lediglich ein paar Hinweise möglich, wie die Parteilinke, statt in traditionalistischer Manier die gute alte Mitgliederpartei zu verteidigen, versuchen könnte, das Unvermeidbare zu gestalten.

Wie also könnte sich eine Parteilinke, die den Versuch aufgibt, die Mitgliederpartei zu retten, auf die Rahmenpartei einstellen?

- Entwicklung eines *neuen Typs von Aktivisten*. Bisher dominiert die Binnenorientierung, gerichtet auf programmatischen Einfluß und auf Partizipation (im Verschwiegenen: die Karriere). Der neue Aktiventyp ist außenorientiert, erfahren auf öffentlichen Märkten. Er verfügt über die Fähigkeit, progressive Reformprojekte zu verfolgen, über externe Konfliktorientierung, Kampagnenfähigkeit und insgesamt über die Kompetenz, mit Journalisten bzw. über Medien zu kommunizieren. Ein linkes politisches Unternehmertum antwortet auf veränderte Verhältnisse und es erweitert das Anreizsystem für Aktive (Programm und Beteiligung) um *legitime* »materielle« Anreize. Auch die Linke kennt ja schon den »Parteiunternehmer«, nur daß er bisher eher auf interne Märkte gerichtet ist, das heißt als Strömungsunternehmer oder als Händler in Programmfragen wirkt.
- Linke Besetzung eines Projekts *»Management der Vielfalt«*. Pluralisierung und Individualisierung sind eher Er-

fahrungen auf dem linken als auf dem rechten Parteiflügel, von links geprägter innerparteilicher Konkordanzdemokratie hat man aber noch nichts gehört.
- Aufrechterhaltung der Rahmenpartei als eines *progressiven Bezugsrahmens*. Das gilt für Thematisierungen ebenso wie als Ansprechpartner für Initiativen/Organisationen gesellschaftlicher Selbstorganisation und kritische Teilöffentlichkeiten. Linke können die Parteistrukturen offenhalten für die neuesten Varianten »neuer sozialer Bewegungen«, da sie das Bewußtsein Ernst Blochs von der Arbeiterbewegung als »definitiver Bewegung« nicht mehr teilen. Mit der Bewegungsorientierung läßt sich auch primär führungs-, fraktions- oder kommerzorientierten Varianten der Rahmenpartei entgegenwirken, obwohl die Rahmenpartei nie Bewegungspartei im emphatischen Sinne sein kann. Auch innerparteilich müssen sich Linke nicht verleugnen: sie können zum Beispiel *egalitäres* Aushandeln wirksam bleibender ideologischer Präferenzen hochhalten, auch bei starker Berücksichtigung von Marktimperativen, oder die Ausnützung von Spielräumen strategischer Kalküle betreiben, die immer von Unsicherheit bestimmt sind: in *progressiver* Richtung.

Die »*progressive Rahmenpartei*« enthält ein doppeltes Paradox. Obwohl bewegungsbezogen, ist sie nicht Mitgliederpartei. Soziale Bewegungen waren - außer im Frühliberalismus - immer mit Mitgliederparteien verbunden. Der offene, schwach strukturierte, heterogene, situative Bewegungstyp der neuen sozialen Bewegungen erfordert auch einen anderen Parteityp. Paradox ist zum zweiten, daß die Rahmenpartei, obwohl als progressive Partei möglich, die Revitalisierung und Neu-Anpassung eines ursprünglich *bürgerlichen* Parteityps darstellt. Maurice Duverger hatte die bürgerliche Repräsentationspartei als parti de cadre rekonstruiert. Warum diese Rahmenpartei unter den Bedingungen »pluralisierter Klassengesellschaft« (von Oertzen) in veränderter Form wiederaufleben kann, läßt sich nicht zuletzt auch durch Sozialstruktur-Analysen beantworten. Dafür sind in Hannover entscheidende Vorarbeiten geleistet worden.

Hermann Scheer

Die 80er Bewegung und ihre ideologische Zukunftsblindheit

Notiz zur historischen Neubestimmung der sozialen Bewegung

Die Distanzierung vom „Sozialismus", was immer darunter verstanden oder darüber unterstellt wird, ist zur Mode der 90er Jahre geworden - auch durch Sozialisten selber. Nicht nur einzelne, ganze Parteien üben sich in Absetzbewegungen, ausgesprochen oder unausgesprochen; nicht nur „östlich" kommunistische mit ihren sie selbst deformierenden Erblasten, auch westliche des demokratischen Sozialismus. Um im Parteienwettbewerb des Zeitgeistes nicht „out of business" zu werden, geht die Post in den Postsozialismus ab. Je mehr sich die Vorboten dieses Prozesses in den 80er Jahren abzeichneten, desto mehr insistierte Peter von Oertzen gegen Veräußerungen der Grundideen des Sozialismus, der als „out" denaturiert wurde. Doch was ist für diejenigen, die dies so leichthin äußern, „in"?

Die 60er und 70er Jahre waren Jahre der Erwartung, daß sich Politik und Wirtschaft demokratischer und sozialer gestalten ließen: die Zeiten Kennedys und der amerikanischen Bürgerrechtsbewegung, der britische soziale Wohlfahrtsstaat Wilsons, die sozialliberale Reformkoalition in der Bundesrepublik Deutschland, die Aufbruchstimmung der italienischen Linksparteien der 70er Jahre, und, etwas verspätet, 1981 der Wahlsieg der französischen Linken. Die 68er Revolte hatte dem altbackenen autoritären Konservatismus den Rest gegeben und leitete den kulturellen Wandel zu einer „offenen Gesellschaft" ein. Die Entspannungspolitik eröffnete neue Chancen für einen friedlichen weltpolitischen Wandel. Und während die westlich-kapitalistischen Systeme in der Hochphase einer wohlfahrtsstaatlichen Entwicklung standen, vollzog sich ein Wertewandel, nachdem scheinbar die materiellen Existenzbedürfnisse gesichert waren. Nun ging es um „immaterielle Werte", die Entfaltung persönlicher Freiheit und das Engagement für die Umwelt. Damit begann die Umweltdebatte mit einem Mißverständnis, das Folgen haben sollte. Denn die Umweltfrage ist keine immaterielle Angelegenheit, sondern betrifft in substantieller Weise die materielle Existenz.

Verglichen mit dem Beginn der 90er Jahre waren die politischen Zustände zu Beginn der 80er Jahre noch relativ problemorientiert. Es gab zahllose Bürgerinitiativen, die hernach wieder einschliefen; breite Protestbewegungen gegen Atomwaffen, von der „nuclear freeze"-Bewegung in den USA bis nach Westeuropa, von denen heute, zehn Jahre später, bei vergleichbaren Anlässen - etwa dem atomaren Trident-Programm der britischen Regierung - nicht mehr viel übrig geblieben ist. Militärische Pläne zur Intervention in Entwicklungsländern werden heute wie selbstverständlich diskutiert, während sie noch wenige Jahre zuvor Stürme öffentlichen Protests hervorgerufen hätten. Atomwaffentests regen heute die Öffentlichkeit weniger auf als früher, das gleiche gilt für soziale Einschnitte, obwohl diese schärfer geworden sind. Von den „neuen sozialen Bewegungen", die - ausgelöst von der 68er Bewegung - Anfang der 80er Jahre in aller Munde waren und schon als neue Jahrhundertbewegung bezeichnet wurden, ist nicht mehr viel zu sehen. Eine Demobilisierung öffentlichen Engagements findet in einer Zeit statt, in der die Erkenntnislage über Naturzerstörung und soziale Hinrichtungen dramatischer geworden ist, und das allgemeine Bewußtsein darüber weiter verbreitet ist als je zuvor.

Die 80er Jahre waren von einem weiteren ideologischen Wertewandel geprägt - vom neoliberalistischen. Die neoliberale politische Wende erwies sich als einer der erfolgreichsten ideologischen Feldzüge der Neuzeit, der nahezu alle Länder durchzogen hat und - trotz seiner verheerenden Folgen - sogar bis in die Politik sozialreformerischer Parteien hineinwirkte. Die Kampfansage galt dem sozialen Wohlfahrtsstaat, der politischen Intervention in wirtschaftliche Abläufe, den Steuern. Die uneingeschränkte individuelle Freiheitsentfaltung wurde zur Zauberformel der gesellschaftlichen Zukunft; das bedeutete Freiheit des Individuums und des Unternehmers, die Selbstregulierung aller Probleme durch den Markt, den unbeschränkten Kapitalismus als eigentlichen Freiheitsgaranten. Kurz: den „wettbewerblich organisierten Kapitalismus - also die Organisation der ganzen Masse der wirtschaftlichen Aktivität durch private Unternehmen, die auf freien Märkten operieren - als eines Systems von wirtschaftlicher Freiheit und einer notwendigen Bedingung für politische Freiheit."[1] Der Ellbogenstärke galten die neuen Hymnen, der neuen Auslese der Erfolgreichen, der Privatisierung von öffentlichen Dienstleistungen, dem Verzicht des Staates auf wirtschaftliche Initiativen, dem offensiven Desinteresse an öffentlichen Angelegenheiten, dem Prinzip „jeder für sich und gegen jeden".

Trotz ihrer offenkundigen Widersprüchlichkeiten und Verlogenheiten, ihrer extremen Einseitigkeiten und desaströsen sozialen Konsequenzen vor allem in den Zentren dieser Entwicklung, in Großbritannien und den USA, wurde diese Ideologie zur Leitmelodie einer neuen Bewegung. Wir können sie die „80er-Bewegung" nennen, die die „68er Bewegung" ablöste. Im neoliberalen Musterland, den USA, lag die wirtschaftliche Infrastruktur alsbald völlig vernachlässigt darnieder; die Deregulierung produzierte nicht mehr produktive Konkurrenz, sondern weniger Marktteilnehmer und schlechtere Dienstleistungen; die Jagd nach dem schnellen Geld ruinierte das Banken- und Industriesystem; die Ausbildungs-, Forschungs- und Entwicklungsbasis wurde immer dünner. Im Widerspruch zur offiziellen Entstaatlichungsideologie expandierte der Rüstungssektor und mit ihm die Staatsschulden, weil Aufrüstung zum neuen Stärkebewußtsein gehörte und die Militärindustrie noch größeren Einfluß auf die Regierung gewann. Wo solche Einflußmacht nicht gegeben war, wurde rigoros abgebaut, so daß die USA dabei u.a. auch ihre noch bis zum Beginn der 80er Jahre führende technologische Stellung in der Sonnenenergie preisgaben. Selbst der ökonomische Leistungsstandard verschlechterte sich überall dort, wo diese Bewegung dominierte, der sich besonders die jüngeren Managementeliten in Scharen anschlossen. Nie zuvor war es so leicht möglich gewesen, Privilegien und Rücksichtslosigkeiten mit der Idee der Freiheit zu legitimieren! Die pure Marktfreiheit und -auslese wurde sogar zum Leitkriterium für die Entwicklungsländer, durchgesetzt mit der Hilfe internationaler Finanzinstitutionen, und nach 1989 auch für die Gesellschaftsreformen der Planwirtschaften des politischen Ostens. Auch die neuen wirtschaftlichen Liberalisierungsansätze der Europäischen Gemeinschaft sind vom Neoliberalismus in starkem Maße beeinflußt. In der Wirkungsatmosphäre dieser Ideologie hat die Diskrepanz zwischen den Zukunftsgefahren und den politischen Initiativen, mit denen sie bekämpft werden müssen, dramatisch zugenommen. Neuen politischen Initiativen steht mehr denn je zuvor der pauschale Vorbehalt gegen staatliche Interventionen entgegen, und die öffentliche Rückendeckung aktiver sozialer Bewegungen hat eher ab- als zugenommen.

Erklärungsbedürftig bleibt, warum dieser Neoliberalismus trotz seiner effektiven praktischen Verwüstungen einen so breiten Wirkungserfolg im öffentlichen Bewußtsein hatte, daß selbst die Opposition dagegen erlahmte. Die Gründe sind wohl darin zu finden, daß das wohlfahrtsstaatliche Modell in Mißkredit geraten war. Mit einer Wachstumskrise, wie sie Anfang der 80er Jahre bestand, wurde der Wohlfahrtsstaat konzeptionell nicht mehr fertig, weil er seine kostspielige Leistungsfähigkeit von einem kontinuierlichen Wirtschaftswachstum abhängig gemacht hatte. In Ermangelung eines ökologischen Wirtschaftskonzepts, das weiteren volkswirtschaftlichen Zuwachs ohne Wachstumsschäden ermöglichen würde, stand er den neoliberalen Forderungen hilflos gegenüber, die wirtschaftliche Existenz durch Entstaatlichung sichern wollten. Er war entstanden, um sozial Schwache zu unterstützen und Abhängigkeiten zu überwinden. Aber mit seiner Etablierung entstanden bürokratische Apparate und Staatsleistungen, die auch von vielen Nichtbedürftigen mißbraucht wurden, während viele tatsächlich Bedürftige ins Abseits gedrängt wurden. Intelligente Verfechter des klassischen Wirtschaftsliberalismus erkannten, daß die von der 68er-Bewegung entwickelte Idee der individuellen Selbstverwirklichung aufgegriffen werden und in eine neue Philosophie des bindungsfreien Individualismus mit modernem Anstrich uminterpretiert werden könnte. In den 70er Jahren beschwor der britische Neoliberale Samuel Brittain in einer „Die Ökonomie der Freiheit" betitelten Schrift die „Erneuerung der unternehmerischen, ja sogar piratenhaften Elemente des Kapitalismus". Die Zeit sei dafür reif, denn „die Werte des wettbewerblichen Kapitalismus haben mit gewissen zeitgenössischen Verhaltensweisen viel gemeinsam, besonders mit der Haltung der 'Radikalen'. Da ist vor allem die Neigung, jeden, soweit praktisch irgend möglich, das tun zu lassen, was er gerne tut." [2]

Der moderne Individualismus war eine Antwort auf überkommene willkürliche Herrschaftsstrukturen. Seine egozentrische Übersteigerung paßt geradezu ideal in die kommerzialisierte Konsumgesellschaft mit ihrer ständigen Stimulierung neuer, vom Markt zu befriedigender Bedürfnisse. Die sich daraus entwickelnde immer größere Rücksichts- und Gedankenlosigkeit gegenüber gesellschaftlichen Erfordernissen ist inzwischen zu einem kollektiven Syndrom geworden. Der Anforderung einer gesellschaftlichen Zukunftsorientierung steht - radikaler und verbreiteter denn je - eine sich ausbreitende soziale Umweltverschmutzung entgegen. Soziologen erkennen darin die Gefahr einer gesellschaftlichen Selbstzerstörung, wenn es nicht gelinge, den menschlichen Gemeinschaftssinn und soziale Bindungen zu erneuern: „Wenn wir nicht damit beginnen, den Schaden an unserer sozialen Ökologie zu beheben, dann werden wir - und dies ist seit einiger Zeit evident - uns selber zerstören, noch lange bevor eine Katastrophe der natürlichen Ökologie die Zeit hat, unsere Lebensgrundlagen zu zerstören." [3]

Ungeachtet solcher Warnungen ist die Übersteigerung individueller Freiheiten, ohne Rücksicht auf den sozialwirtschaftlichen Rahmen und die sozialökologischen Konsequenzen zu nehmen, der Leitfaden unserer Tage. In der Menschenrechtsdebatte stehen mehr denn je die individuellen und nicht auch die sozialen Menschenrechte im Vordergrund. Darüberhinaus tritt erstmals in der Geschichte der Kapitalismus sogar als unangefochtenes Vorbild in der Welt auf - mit den USA als moralischem Weltführer und trotz seiner hinterlassenen Kahlschläge besonders in Entwicklungsländern und seiner ökologischen Kurzsichtigkeit. Bestärkt durch den Ruin der „sozialistischen Mißwirtschaften", die ökologisch ebenso versagt haben, präsentiert er sich als einzige Möglichkeit der Schaffung menschenwürdiger Zustände - als gebe es nicht auch zahllose Beispiele für kapitalistische Mißwirtschaften. In einer seit der Französischen Revolution nie dagewesenen Simplifizierung politischer und wirtschaftlicher Ideen zur Gesellschaftsgestaltung wird diskutiert, als gebe es prinzipiell nur zwei Formen von Wirtschaft und Gesellschaft, die freiheitlich-kapitalistisch-marktwirtschaftliche oder die diktatorisch-kommunistische, worüber die Weltgeschichte nun ihr endgültiges Urteil gesprochen habe. Das anthropozentrische Weltbild - der Mensch im Mittelpunkt - wird dabei derart individualisierend verabsolutiert, daß offenbar kein Preis zu Lasten anderer Menschen in der Gegenwart und Zukunft zu hoch ist. Aus dieser geistigen Verfassung heraus werden maßstabslose Argumente angeblicher individueller Unzumutbarkeit gegenüber dringendsten Zukunftsvorsorgen artikuliert. So ist z.B. immer wieder zu hören, man könne leider die die Ozonschicht zerstörenden FCKW, die u.a. in den Klimaanlagen in Automobilen eingesetzt werden, erst aus dem Verkehr ziehen, wenn Ersatzstoffe dafür zur Verfügung stünden! Etwa 10% der Automobile haben solche Klimaanlagen - und ein Verzicht darauf gilt als unzumutbar, auch wenn die Ozonschicht deshalb immer dünner wird! Dies entspricht der Ideologie der Zeit: Man gibt die Zukunft zugunsten eines Auslebens von Gegenwartsbedürfnissen preis, was schon vielfach individualfaschistische Züge angenommen hat.

Indem der soziale Wohlfahrtsstaat brüchig wurde, verflog auch sein Optimismus und das öffentliche Vertrauen, er könne die dauerhafte wirtschaftliche Stabilität eines Staatswesens inmitten weltwirtschaftlicher Konkurrenz, einer Internationalisierung der Kapitalströme und zunehmender wirtschaftlicher Turbulenzen gewährleisten. Im Wertewandel der 80er Jahre ging es folgerichtig wieder verstärkt um die materielle wirtschaftliche Existenz. Da man die ökologische Frage mehr als eine kulturelle, denn als materielle verstand und diskutierte - als einen Luxus, den man sich nur leisten kann, wenn es wirtschaftlich gut geht - rückte sie praktisch wieder in den Hintergrund. Die Mehrheit verbündete sich mit den etablierten Kräften, um mit ihnen zu überleben. Die Identifikation mit dem Unternehmen rückte vor die Identifikation mit dem Staat, der Gesellschaft oder einer Partei. Die sozialreformerischen Kräfte begriffen nicht, daß die Krise und die Folgekosten des bisherigen Wirtschaftswachstums die eingeführten öffentlichen Dienstleistungen unfinanzierbar machen, weil sich die Lücke zwischen geringer steigenden Staatseinnahmen und zunehmenden Staatskosten nur noch durch wachsende Staatsverschuldung schließen läßt. Sie versäumten, den wohlfahrtsstaatlichen Leistungskatalog wieder sozial gerechter und den öffentlichen Dienstleistungsapparat funktionsfähiger zu gestalten. Vor allem erkannte man nicht, welche Chance in den Motivationen und Ideen der ökologischen Bewegungen lag, zu denen eher ein nur taktisch-opportunistisches oder gar ein ablehnendes Verhältnis bestand. Es ging dabei nie darum, unbedacht deren Konzepte zu übernehmen, sondern darum, neue Grundströmungen aufzugreifen und diese als Chance zur Formulierung neuer Strategien und zur Mobilisierung dafür zu sehen. Genau das tat der Neoliberalismus, freilich nicht in eine soziale und ökologische, sondern in eine asoziale und ökonomistische Richtung. Er modernisierte sich und erhielt eine neue Basis. In einem nächsten Akt zerstreute sich die neue sozialökologische Bewegung, und die sozialreformerischen Parteien begannen, sich an den Neoliberalismus anzupassen - ein Prozeß, in dem sie sich noch immer befinden und dadurch weder ihre alte Identität erhalten noch eine neue gewinnen können.

In der neoliberalen Atmosphäre der 80er Jahre haben auch die um sich greifende Angst vor der Gefährdung wirtschaftlicher Vorsprünge, die sozialen Katastrophen in Entwicklungsländern und anstehende globale Klimakatastrophen innerhalb der westlichen Industriestaaten eine Mobilisierung zur aggressiven Verteidigung eigener Besitzstände ausgelöst, koste es was es wolle - und zwar mit Hilfe einer Ideologie, die das auch noch als höhere Moral rechtfertigt. Je weniger Lösungsmöglichkeiten der ökologischen Weltkrise zu sehen sind, je mehr und je schneller der Verzicht auf die gehobene Luxusausstattung der westlichen Industriegesellschaften droht, desto größer wird offenbar die Neigung, wenigstens die eigene Haut zu retten und den eigenen Nabel als die Probleme der Welt zu betrachten. Die neoliberale Ideologie und der von ihr geförderte Kult des Individuums - die „Kultur des Narzißmus"[4] - erscheint als ein Symptom dafür, daß man die Rettung der Gesellschaft bereits aufgegeben hat.

Obwohl man die ökologischen wie die ökonomischen und die kulturellen Folgen dieser Ideologie deutlich erkennt, strahlt sie dennoch eine solche Faszination aus, daß sie bis heute Leitbild des politischen Handelns bleiben konnte, auch wenn sie mittlerweile nicht mehr ganz so überzeugt vertreten wird. Neben den genannten Gründen hängt dies möglicherweise damit zusammen, daß sie eine Reduktion der Komplexität verspricht, mit der Regierungen nicht fertigwerden, und die der Grund für das Staatsversagen ist. Die neoliberale „Entstaatlichung" schafft den Regierungen die Möglichkeit, Verantwortungen kurzfristig abzugeben, also nicht mehr zuständig sein zu müssen und die Probleme laufen lassen zu können. Der Neoliberalismus konnte sich durchsetzen, weil die Verfechter der wohlfahrtsstaatlichen Idee keine Antwort auf die Frage geben konnten, wie die ökonomischen, ökologischen und sozialen Ziele anders erreicht werden können, als immer nur durch eine Erhöhung des Staatsbudgets und der Steuerlasten, einer ständigen Ausdehnung von Regelungsvorschriften und des öffentlichen Verwaltungsapparats. Deshalb wird der Neoliberalismus so lange dominieren, wie die Verfechter sozialökologischer Veränderungen statt einer zweifellos notwendigen Komplexitätsreduzierung nur immer komplexere Konzepte anbieten und sich an die Ursachen nicht herantrauen.

Dazu ist, neben einer inneren Verpflichtung auf humane Werte für alle, die geistige Kraft für die Analyse der politisch-ökonomisch-ideellen Zusammenhänge nötig, deren Geringschätzung im Zeitalter der Medien-Spots und Headline-Politik um sich gegriffen hat. Je mehr dies geschieht, desto mehr werden die politischen Verheerungen zu sehen sein. Je mehr sich aber, wie Peter von Oertzen, auf ihre sozialethische Verpflichtung besinnen und die geistige Kraft für die politische Theorie aufbringen, ohne die soziale Praxis nicht möglich ist, desto mehr werden wieder Horizonte zu sehen sein.

[1] Milton Friedman: Kapitalismus und Freiheit, Stuttgart 1971, S. 22
[2] Samuel Brittain: Die Ökonomie der Freiheit, Frankfurt 1976, S. 13 und 46
[3] Robert N. Bellah u.a.: Gewohnheiten des Herzens. Individualismus und Gemeinsinn in der amerikanischen Gesellschaft, Köln 1987, S. 8
[4] Christopher Lasch: Das Zeitalter des Narzißmus, München 1982

Heidemarie Wieczorek-Zeul

Für ein ökologisch-solidarisches Zukunftsprogramm

Über die Notwendigkeit eines ökologischen solidarischen Zukunftsprojektes zu reden, bedeutet, seine Notwendigkeit in den vier Facetten, die dieser Begriff umfaßt, darzustellen: Umweltverträglichkeit und ein nachhaltiger Entwicklungsweg, emanzipatorische Ansätze und die Demokratisierung aller Lebensbereiche müssen als Bestandteile dieses Projekts die Leitmotive für die Ausgestaltung der Politik sein.

Nach dem Ende des Staatskapitalismus, der sich zu Unrecht „real existierender Sozialismus" nannte, setzte vorschnell eine Diskussion ein, die den Kapitalismus, das in Westeuropa und den anderen entwickelten Regionen dieser Welt praktizierte Wirtschafts- und Gesellschaftssystem als das in der geschichtlichen Entwicklung überlegenere darstellte. Daß der Staatskapitalismus untergegangen ist, ist gut, denn er verhinderte die Freiheit der Individuen und hatte mit demokratischem Sozialismus nichts zu tun. Aber es wird auch immer deutlicher: Der Kapitalismus hat nicht gesiegt, er ist übriggeblieben. Immer deutlicher wird: Die Art, wie er den Verbrauch natürlicher Lebensgrundlagen zur Geschäftsgrundlage macht, gefährdet kollektives Überleben auf unserem Planeten. Durch das Verschwinden des Systems, das sich offiziell als antithetisch zum Kapitalismus darstellte, ist unsere Kritik an den Konsequenzen kapitalistischen Produzierens nicht verschwunden.

Nach wie vor bleibt ein Großteil der Weltbevölkerung in Unterentwicklung, ist vom Hunger bedroht, mindestens jedoch von sozialer Emanzipation abgeschnitten.

Weltwirtschaftliche Verflechtungen führen dazu, daß ein eigenständiger Weg der Entwicklung nur noch schwer möglich ist. Weltmarktlogik schreibt dadurch die Entwicklungsziele der Länder des Südens vor. Ökologisch sind wir jedoch an einer Situation angelangt, an der die industrielle Entwicklung der Staaten des Südens mit einem ähnlichen Ressourcen-

und Schadstoffverbrauch wie in den Ländern des Nordens in den ökologischen Kollaps des Planeten führt. Ein Beispiel: Wenn die Volksrepublik China einen vergleichbaren Stand mit den bisherigen alten Technologien verwirklichte, würde die ökologische Katastrophe auf diesem Planeten nicht mehr aufzuhalten sein. Aber das Recht auf Entwicklung und auf Ausbeutung der eigenen Ressourcen kann keinem der sich entwickelnden Staaten vorenthalten werden, erst recht nicht durch den reichen Norden, der einen großen Teil seines Wohlstands durch die Ausbeutung des Südens erreicht hat.

Wer also den ökologischen Kollaps verhindern will und verhindern will, daß demnächst „der Westen" Entwicklungen in den Ländern des Südens gewaltsam „unterbindet", der muß das Produktions- und Verbrauchsmodell *unserer Gesellschaften im Norden* ändern.

Wir erleben nicht nur, daß die Weltgesellschaft die Lasten einseitig vom Norden auf den Süden überwälzt. Daneben existiert weltweit in allen Gesellschaften eine geschlechtsspezifische Lastenaufteilung - zum Nachteil der Frauen. Einen Großteil der Arbeit auf dieser Welt, vor allem der nichtbezahlten Arbeit, leisten Frauen, ohne an Bezahlung und Macht real beteiligt zu sein.

Es geht also um nicht weniger als das gemeinsame Überleben und die demokratische und soziale Ausgestaltung unserer Gesellschaften, wenn wir von einem ökologischen und solidarischen Zukunftsprojekt sprechen. Es muß ein gesellschaftliches Projekt sein, da Regierungspolitik allein nicht ausreichen wird. Es muß um Visionen und Ideale gehen, wenn man und frau Verhalten in komplexen Gesellschaften verändern will. Dieses Projekt muß ökologisch gestaltet sein. Und es muß solidarisch gestaltet sein, wenn es weitere gewaltsame Entwicklungen verhindern will und jedem Menschen das Recht auf Glück zugesteht. Es geht um einen Paradigmenwechsel in der Politik, es geht um die Durchsetzung eines neuen Entwicklungsmodells unserer Gesellschaft. Diese Frage ist weit mehr als Ressortpolitik, nämlich die Frage „nach einem neuen fairen Generationenvertrag und nach einer gerechten Ordnung der Weltgesellschaft", wie Johanno Strasser so richtig geschrieben hat.

Die Notwendigkeit eines solchen ökologischen und solidarischen Zukunftsprojekts ist in der Vergangenheit oft bestritten worden. Der von mir nur stichwortartig umrissene Rahmen dieses Projektes könnte heute in der SPD fast common sense sein. Doch es ist noch nicht sehr lange her, daß die Notwendigkeit einer ökologischen und dabei solidarischen Ausrichtung der Politik in der SPD hoch umstritten war. Die Idee wurde durch den reformsozialistisch orientierten Teil der SPD-Linken unter großen Kraftanstrengungen in der SPD verankert. Widerstand kam von zwei Seiten, derjenigen, die auf die Verteilung des durch Wachstum erwirtschafteten Überschuß setzte einerseits, aber auch von der dogmatischen Linken andererseis. Lange wurden die Protagonisten und Protagonistinnen der ökologischen Umgestaltung der Politik als wenigstens antimodern bezeichnet; dahinter stand die Überzeugung, daß Ökologie keine „Klassenfrage" sei. Das gesellschaftsverändernde Potential wurde hier spät erkannt.

Im neuen Berliner Grundsatzprogramm der SPD, das eine deutliche Weiterentwicklung gegenüber dem Godesberger Programm darstellt, zeigt sich, daß die Fragen der Ökologisierung Frauen als politisches Ziel heute tief in der SPD verankert sind. Dieses Programm zeigt auch, daß in der SPD eine größere Skepsis gegenüber einer abstrakten Fortschrittsgläubigkeit Platz gegriffen hat, die die Lösung aller Probleme nur von der Entfesselung der wissenschaftlich-technischen Produktivkräfte, von ihren kapitalistischen Fesseln erwartete. Die Frage, welches Wachstum und welchen Fortschritt wir wollen, birgt ein gewaltiges Reform- und Demokratisierungspotential für unsere Gesellschaft.

Wenn es richtig ist, daß es nicht nur *eine* Ursache gesellschaftlicher Ungleichheit und Krisen gibt, woraus alle anderen ableitbar sind, dann gibt es mehrere gleichberechtigte Subjekte gesellschaftlicher Veränderung und damit auch mehrere Trägerinnen und Träger eines pluralistischen ökologischen und solidarischen Zukunftsprojektes. Auch wenn die Gesellschaft der Bundesrepublik Deutschland weiterhin eine kapitalistische Gesellschaft ist, so ist sie doch ganz anders als noch vor einigen Jahrzehnten. Unsere Gesellschaft ist inzwischen hochdifferenziert, sowohl in Schichten als auch in Hierarchien.

Es genügt daher nicht mehr, den gesellschaftlichen Standort allein an Lohnabhängigkeit oder Lohnhöhe zu messen. So, wie es nicht nur eine Ursache für die gesellschaftlichen Zustände gibt, gibt es auch unterschiedliche Trägerinnen und Träger von Veränderungswünschen, auf deren Organisation es für das Gelingen eines solchen Zukunftsprojektes ankommt.

Der hohen Differenzierung unserer Gesellschaft entspricht dann auch eine große Ausdifferenzierung von Elementen, die Gesellschaftsveränderungen bewirken können. So erfordert unser heutiger Technologiestand ebenso wie die Tiefe der ökologischen Krise neue Formen gesellschaftlicher Kontrolle und Beteiligung, welche durch die klassische Vergesellschaftungsdiskussion längst nicht mehr erfasst werden. Heute steht die Forderung nach nicht staatszentrierten Modellen dezentraler Demokratie, Transparenz und Mitwirkungsmöglichkeiten auf der Tagesordnung.

Diese Forderungen sind nicht neu. Sie sind in der jüngsten Vergangenheit von den neuen sozialen Bewegungen vertreten worden, die - vor allem die Frauenbewegung - emanzipatorische Werte und Ziele neu besetzt und freigelegt haben. So hat die Frauenbewegung die Identifikation von Politik und Staat, die Macht der Männer, die technologische Entwicklung, den bisherigen Wachstumstyp und den gesellschaftlich produzierten Unfrieden nachdrücklich in Frage gestellt und dabei Positionen der Arbeiterbewegung wiederbelebt oder erweitert. So wie die Frauenbewegung entstanden im Gefolge der Studentenrebellion eine große Zahl lokaler und überregionaler Initiativen und Bewegungen, vor allem in der Umweltbewegung, der Friedenspolitik, der internationalen Solidarität.

Im selben Maße, wie die Ideen dieser neuen sozialen Bewegung die Gesellschaft durchdrangen, griffen sie auch in den Politikkanon sozialer Organisationen, wie Gewerkschaften oder Kirchen, über. Dabei sind die Ausläufer der neuen sozialen Bewegung und die Bürgerinitiativen die Antwort auf eine Gesellschaft und teilweise auch auf Parteien, die weder auf sich abzeichnende Krisen und Entwicklungen noch auf die

gestiegenen Ansprüche und Bedürfnisse einer wachsenden Zahl von Bürgerinnen und Bürgern angemessen reagieren.
Wenn auch diese sozialen Bewegungen nicht mehr genau so aktiv sind wie z.B. auf dem Höhepunkt der Auseinandersetzungen etwa gegen die Atomenergie, so bestehen doch soziale „Reformmilieus" in ihrer Nachfolge fort, die sich durch unterschiedlichste Lebensstile, Werteinstellungen oder Aktivitätsmuster kennzeichnen lassen. Gemeinsam ist ihnen ein hohes Maß an Staatsferne, Individualität und Bereitschaft zur Selbstorganisation.

Sie müssen sich, um die notwendigen Reformen in unserer Gesellschaft zu verwirklichen, mit den sozialen Bewegungen verbinden, die in ihrer Tradition und Programmatik Fragen der sozialen Gerechtigkeit und der sozialen Solidarität in den Vordergrund stellen.

Und die Fragen der Umverteilung, der sozialen Gerechtigkeit, mithin der Solidarität, nehmen ja am Ende unseres Jahrhunderts drängender zu als noch vor wenigen Jahren vermutet:

Es geht um die gerechtere Verteilung von Arbeit und zwar sowohl der bezahlten als auch der unbezahlten Arbeit, um die Bekämpfung der Massenarbeitslosigkeit. Es geht um die Sicherung des Sozialstaates. Es geht um die gerechte Finanzierung der sozialen Einheit der Deutschen wie auch des europäischen Einigungsprozesses - und zwar gegenüber West- wie gegenüber Osteuropa. Es geht auch um Umverteilung im Verhältnis zwischen den Ländern des Nordens und des Südens. Und wie bei der „sozialen Frage" im letzten Jahrhundert wird es wieder um die Entscheidung gehen: Wird sie durch Reformen „gelöst"? Eine Position, die die Sozialdemokraten vertraten, oder durch Gewalt, wie es die konservative Seite im letzten Jahrhundert propagierte.

Die Verbindung dieser sozialen Fragen mit der ökologischen Frage ist keine taktische, sondern eine inhaltliche: Solidarität gilt nicht nur den heutigen, sondern auch den künftigen Generationen.

Das alles sind Aufgaben der Sozialdemokratie! Sie um Aspekte wie auch soziale Gruppen zu verkürzen, würde auch die gesellschaftliche und politische Integrationsfähigkeit der

SPD und damit unmittelbar ihre Wahlchancen beschädigen. Es kann ebenfalls keine taktische Arbeitsteilung mit den Grünen in diesen Fragen geben: Wir, die „Traditionsfragen"; sie, die „Zukunftsfragen". Denn die Verbindung zwischen ökologischer und sozialer Frage und der Frauenfrage ist kein Aneinanderkleben von Positionen, sondern sie stellt ein miteinander verflochtenes unterschiedliche Gruppierungen der Bevölkerung anzusprechen; aber die Position der SPD darf dabei nicht verkürzt werden.

Ob sich in einer Gesellschaft, die in zwölf Jahren konservativer Regierungspolitik zu einer Zwei-Drittel-Gesellschaft geworden ist, politische Mehrheiten für ein derartiges Reformprojekt herstellen lassen, ist keineswegs schon von Beginn an sicher. Manche Menschen fürchten materielle Nachteile, manche fürchten die Notwendigkeit der eigenen Verhaltensänderung, auch wenn sie das Umsteuern prinzipiell bejahen.

Aber viele Menschen sind bereit zur Solidarität. Ob sie das aktiv einlösen, hängt davon ab, ob sie eine gesellschaftliche Perspektive und Vision spüren können, die das Opfer lohnt und es einfordert, ob materieller Verlust mit Gewinn an Lebensqualität verbunden ist. Sie hängt davon ab, wie die Sozialdemokratie selbst auftritt.

Das ökologische und solidarische Reformprojekt ist aber die einzige Hoffnung und Alternative. Wenn es sich nicht durchsetzt, setzen sich andere Entwicklungen in Gesellschaft und Politik ungebremst weiter fort:

Die Orientierungslosigkeit, der Rückfall in bloßen Egoismus oder in den Gruppenegoismus der Nationalität oder eines Volkes. Der Versuch des „Einfrierens" gesellschaftlicher Konflikte angesichts wirtschaftlicher Entwicklungen und daraus folgend wachsende Gewalt. Die Entpolitisierung gesellschaftlicher Entwicklungen und die Gefahr „italienischer Verhältnisse" angesichts von wenig glaubwürdigen politischen Alternativen. Der Wechsel ist notwendig. Ob er kommt, hängt von unserer eigenen entschlossenen Überzeugung ab.

Ludger Volmer

Change now!

Über Krise, Solidarität und Rot-Grün

Die Rahmenbedingungen sind schlecht für Rot-Grün. Die Liberal-Konservativen haben uns an den Rand des Staatsbankrottes gewirtschaftet. Eine begeisterte Reformmehrheit ist in der Gesellschaft nicht zu sichten. Der große, dicke Tranquilizer Helmut Kohl sucht mit neuen falschen Versprechungen die Leute zum Stillhalten und Verharren zu bewegen.

Also das Ende aller Träume vom rot-grünen Reformprojekt? Oder die Aufforderung, es dennoch zu versuchen? Mit altem Mut und neuen Ideen? Eigentlich kann es nur eine Entscheidung geben. Den Willen zur Veränderung, zum Machtwechsel zu betonen, ist aber nur die eine Seite. Die andere handelt von den Chancen, von den gesellschaftlichen Bündnissen, die sich schmieden lassen als Voraussetzung für die politischen.

Dazu eine kleine Skizze: Keine Steuererhöhungen, Haushaltskonsolidierung, eine konzertierte Aktion, Konjunkturstimulierung. Sind das die Instrumente, mit denen Reformpolitik heute betrieben werden kann? Gewiß, solche Elemente bieten sich an in der Krise. Zumindest dann, wenn man sie defensiv zu managen versucht. Aber werden dadurch nicht die Chancen verspielt, die in der Krise liegen? Die Chancen zum gründlichen Umsteuern? Ein Zurück in die siebziger Jahre dürfte es eigentlich nicht geben. Zu glauben, man könne an den frühen Erfolgen von Helmut Schmidt anknüpfen, ohne seine späteren Niederlagen auch zu kopieren, ist mehr als fragwürdig.

Das „Modell Deutschland" ist am Ende. Und das ist gut so. Das Modell lebte immer auf Kosten anderer. Seine aggressive Exportpolitik produzierte zwar eine übersteigert positive Außenhandelsbilanz - ein politischer Leistungsnachweis, mit dem die Bundesregierung hausieren gehen konnte. Doch die Beschwerden des Auslandes über das wachsende weltwirtschaftliche Ungleichgewicht wurden immer lauter. Insbesondere die weiter verarmende Dritte Welt hatte immer weniger Vergnügen an einer Entwicklungshilfe, die zunehmend die Absatzchancen deutscher Unternehmen fördern wollte. Völlig ausgeblendet wurde von den Dirigenten der konzertierten Aktion die Umweltbewegung als vierte Tarifpartei neben Staat, Arbeitgebern und Gewerkschaften. Sie saß nicht am Tisch, sondern bekam an den Bauzäunen in Wackersdorf und an der Startbahn West den Polizeiknüppel übergezogen.

Ein solches Modell mußte scheitern. Die auf riskante Großtechnologien (Atomkraft) sich stützende pauschale Wachstumsorientierung stieß auf objektive technische Probleme. Die Diskussion über die Grenzen des Wachstums wurde ausgeblendet, der beginnende Wertewandel in der Gesellschaft nur als repressiv zu beantwortender Störfaktor wahrgenommen. Zwangsläufig vertiefte sich die politische und gesellschaftliche Desintegration. Am Ende stand mit der Gründung der GRÜNEN die Auflösung des Dreiparteiensystems.

Wer heute die gescheiterten Modelle von damals aufgreift, präsentiert eine Softie-Variante der aktuellen Regierungspolitik. Gegen Haushaltskonsolidierung ist ja nichts einzuwenden, solange es nicht die Sozialetats trifft. Will man die aber mitbelasten, warum überläßt man das dann nicht den konsequenteren Schwarz-Gelben, die weniger Skrupel haben, die Sozialstaatlichkeit aus dem Katalog der Verpflichtungen zu streichen? Auch gegen Konjunkturpolitik ist nichts zu sagen, solange sie nicht wieder in den alten Wachstumswahn auf Kosten der Umwelt zurückfällt. Wenn sie aber der goldene Hebel sein soll, wenn Deregulierung und betriebliche Renditeentwicklung die entscheidenden Zielmarken sind, warum darf dann nicht der jetzige Wirtschaftsminister weitermachen? Und wenn diese Instrumente prinzipiell tauglich wären, wäre das Tempo der Verbesserung dann schneller als der Zerfallsprozeß der Gesellschaft, ausgelöst durch Verarmung, verstärkt durch Angst und Perspektivlosigkeit und auf die Spitze getrieben durch Rechtsextremismus?

Auch was den Aufbau Ost angeht, wird allgemeine Konjunkturpolitik mit den erhofften Sickereffekten nicht viel helfen. Wenn überhaupt etwas sickert, dann schwach und ungezielt. Die Massenverarmung aber wird weiter wachsen. Deren gesellschaftliche Kosten können auch die Neoliberalen nicht wegdefinieren. Wenn nicht über gezielten Aufbau durch eine ökologisch ausgerichtete regionale Strukturpolitik mit positiven Arbeitsmarkteffekten Perspektivlosigkeit abgebaut wird, werden dieselben Kosten fällig für einen Ausbau ordnungspolitisch-repressiver Organe. Schäubles Gruselutopie vom Einsatz der Bundeswehr im Inneren ist die letzte Konsequenz des sozial blinden Neoliberalismus. Wer nicht den fragwürdigen Mut hat, einen Brutal-Thatcherismus durchzusetzen, der das Ruhrgebiet zu einem Abziehbild Liverpools machen würde, der muß sich überlegen, ob er nicht einen grundsätzlich anderen Ansatz braucht.

Im Jahre 1994 werden die Weichen gestellt: tiefer in die wachstumsorientierte, großtechnologiegestützte, entsolidarisierte Ellenbogengesellschaft oder Wende zur ökologisch-solidarischen Gesellschaft. Dazwischen gibt es nicht viel. Wir brauchen nicht nur einen Macht- und Elitenwechsel, wir brauchen einen Politikwechsel!

Die Wachstumsideologie, die Schiller und Strauß im Stabilitäts- und Wachstumsgesetz von 1967 formuliert haben, ist überholt. Statt pauschaler Wachstumsförderung brauchen wir eine gezielte, sozial abgefederte ökologische Modernisierungspolitik, differenziert nach Branchen und Regionen. Für einige bedeutet das unter dem Strich Wachstum, für andere Schrumpfung. Der Begriff des Wachstums muß ersetzt werden durch den des ökologischen Gleichgewichts. Konjunkturpolitik mit Umwelttechnik als der wichtigsten Wachstumsbranche ist dennoch möglich; aber sie ist nicht entscheidend zur Lösung der gesellschaftlichen Probleme.

Aufbau Ost, Abbau der Arbeitslosigkeit, ökologischer Umbau der Infrastruktur - das alles kann nicht aus der Portokasse bezahlt werden. Wenn hohe Wachstumsraten weder zu erwarten noch wünschenswert sind, muß die Politik sich das Geld dort holen, wo es ungenutzt auf Halde liegt. Die trotz Rezession hohe Liquidität in der deutschen Wirtschaft gilt es zu mobilisieren, wie es Ludwig Erhard in den fünfziger Jahren mit einer Investitionshilfeabgabe praktiziert hat. Die jährlich 200 Mrd. DM Kapitalerträge bei den privaten Haushalten - nicht zuletzt Ergebnis der Staatsverschuldung - müssen angezapft werden, anstatt wieder den kleinen Leuten in die leere Tasche zu greifen. 200 Mrd. DM werden in diesem Jahrzehnt jährlich aus Erbschaften an Personen fließen, die für diese Gnade der Geburt keine Leistung erbracht haben. Das Aufkommen aus der Erbschaftssteuer ist im internationalen Vergleich eine Bagatelle: ein feudales Relikt im Kapitalismus - wie der liberale Ökonom Wilhelm Hankel moniert. Wieso wird nicht soviel abgeschöpft, daß damit eine soziale Grundsicherung für alle Bedürftigen finanziert werden kann? Das Monopoly-Spiel von Konzentration und Verarmung muß abgebrochen werden.

Der neue Geldadel: selbst als Marktgänger der gehobenen Nippes-Industrie von Porsche bis Rolex ist sein investiver Input gering. Letztlich sind sie Spieler mit frei vagabundierendem Kapital, ob am Roulette-Tisch oder den Xeno-Märkten, das sich auf der rein monetären Ebene bewegt. Warum stellt sich die Finanzpolitik nicht endlich der Aufgabe, die monetäre Akkumulation, die sich von der realen immer weiter abkoppelt, auf die produktive Ebene zurückzuführen? Das Argument der Kapitalflucht ist nicht von der Hand zu weisen. Aber warum wird die EU nicht endlich genutzt, um zumindest in Europa zu einer Harmonisierung auf hohem Niveau zu kommen. Warum muß Luxemburg Fluchtburg sein dürfen?

Der Solidarpakt der großen Parteien hat nicht zum Ziel, die längst überfällige Umverteilung von oben nach unten zu organisieren. Er verschiebt die Lasten ein wenig zwischen den schwächeren, mittleren und öffentlichen Haushalten. Solidarität, vielleicht verzichtbar für die Wirtschaft, aber unverzichtbar für jede Zivilisation, muß anders ansetzen. Die Gesellschaft muß die Kraft aufbringen, denen einen wirklichen Solidarbeitrag abzutrotzen, die es dicke sitzen haben. Die Zweidrittelgesellschaft von oben muß ersetzt werden durch einen Solidarzusammenhang von unten.

Wir brauchen einen *ökologisch-solidarischen Gesellschaftsvertrag*. Er kann die Kräfte bündeln, die ein fundamentales Reforminteresse haben: die ökologisch bewußten, die sozial benachteiligten und die patriarchal unterdrückten.

Raffsucht gilt immer noch als normal. Allein deshalb, weil sie dem Marktgeschehen innewohnt. Ethische Korrektive, wie sie die christlichen Sozialausschüsse anwenden wollten, wurden immer wirkungsloser. Aber es gibt neue Bewegung. Das ökologische Bewußtsein, daß sich seit 20 Jahren entwikkelt hat, bleibt nicht mehr nur im Raum unverbindlicher Einstellungen. Es hat sich in Teilen der Mittelschichten längst zu einer harten postmateriellen Interessenorientierung verdichtet. Viele aufgeklärte Menschen mit höherem Bildungsabschluß und entsprechenden Berufspositionen haben die traditionelle Aufstiegsmentalität hinter sich gelassen. Ihnen genügt weitgehend der erreichte materielle Wohlstand. Was sie wollen, ist weniger Streß, mehr Freizeit, mehr Muße, weniger Konkurrenz und Hetze, mehr Lebensgenuß. Wachstum als wichtigste ökonomische Zielgröße macht vor diesem Wertehintergrund keinen Sinn mehr. Das Bewußtsein, daß jede mehr verdiente Mark mit dem Verlust von Lebenswelt, mit der Zerstörung dessen, was mensch genießen möchte, erkauft werden muß, macht materielle Wohlstandssteigerung immer fragwürdiger. Hinzu kommt das aktuell schlechte Gewissen. Ungeschoren zu bleiben, während die Armen weiter bluten müssen, das zerstört auf Dauer das soziale Selbstbild.

Für ein Drittel der Gesellschaft - im Westen vielleicht weniger, im Osten deutlich mehr - steht nach wie vor die soziale Frage im Vordergrund. Es gibt objektiven Nachholbedarf. Die Forderungen nach Verteilungsgerechtigkeit, nach Verbesserung der Lebenschancen, nach Abbau struktureller Armut, nach eigenständiger ökonomischer Existenzfähigkeit der Frauen stellen sich wieder dringlicher. Zwar sind auch breite Teile der ärmeren Schichten sensibilisiert für ökologische Probleme. Solange sie aber den täglichen Kampf um Arbeit und Brot zu führen haben, fallen sie als Bündnispartnerinnen für eine Ökologisierung der Gesellschaft aus.

Wenn das untere Drittel und der ökologisch und sozial sensibilisierte Teil der Mittelschichten - und in ihnen in besonderer Weise die Frauen - das markanteste Interesse an grundlegenden Änderungen von Gesellschaftsstruktur und Lebensweise verspüren, dann ist es Aufgabe von Reformpolitik, einen solchen Interessenausgleich zwischen diesen Kräften zu organisieren, daß sie gemeinsam ein Bündnis für eine Strategie grundlegender Reformen zu bilden bereit sind.

Deshalb schlagen wir zur Überwindung der Krise einen *new deal* vor: *ein sozialökologisches Umverteilungsprojekt*[1]. Der Verzicht der Neuen Mittelschichten auf weiteren materiellen Zuwachs kann ökologische und soziale Umbauprozesse finanzieren, die gleichermaßen die soziale Lebenslage der armen Schichten verbessern und allen ein Mehr an ökologischer Lebensqualität bieten. Die Ärmeren, die in den Genuß neuer sozialer Programme kommen, könnten ihrerseits, vom unmittelbaren Alltagsdruck entlastet, sich für die Ökologisierung der Gesellschaft miteinsetzen. Doch auch bei den aufgeklärten Mittelschichten - von der Oberstudienrätin bis zum promovierten Taxifahrer - gibt es Grenzen der Belastbarkeit. Alleiniges Ziel ist deshalb nicht die Umverteilung aus der Mitte nach unten. Der deal wirkt als Medium zur Bildung einer politischen Kraft, die dem oberen Drittel der Einkommens- und Vermögenspyramide durch die Abschöpfung überschüssigen Reichtums einen wirklichen Solidarbeitrag abtrotzen könnte.

Praktisch bedeutet das: Arbeit, Einkommen und Lebenschancen müssen umverteilt werden. Nur eine drastische Arbeitszeitverkürzung wird in der Lage sein, die in Kürze zu erwartende Arbeitslosenzahl von 6 Millionen abzubauen. Daß dies nicht mit vollem Lohnausgleich für mittlere und höhere Einkommen verbunden sein kann, muß nicht als Verlust einer angenehmen Lebensperspektive verstanden werden. Die unteren Einkommen dürfen nicht weiter belastet werden. In den sozialen Schichten darüber aber gibt es Spielraum.

Weniger Arbeit wird die Reproduktionsbedürfnisse und damit die Freizeitgewohnheiten derart verändern, daß ganz andere Bedürfnisse sich Bahn brechen. Kultur und Natur zu genießen, muß nicht viel kosten - so es sie noch gibt. Eine intakte Natur und vielfältige Kultur erscheinen geradezu als Voraussetzung für die Bereitschaft, auf Mehrarbeit und Geld zu verzichten. Die Vision von den veränderten Lebensstilen kann nicht länger als Spinnkram der Ökobewegung, als ungespülte Kaffeetasse auf dem WG-Küchentisch abgetan werden. Heute, wo die „Ökos" die ent-erotisierende Wirkung der Wollsockigkeit längst abgelegt haben, sollte man einen neuen Blick auf den Entwurf des „Anders leben" werfen. Und man wird sehen, daß das, was vom ökologischen Wunsch zum ökonomischen Zwang geworden ist, viel Attraktivität aufweist. Hier finden sich Lebensentwürfe jenseits von Karrierismus und Machotum. Sie sind als neuer Maßstab, als politikleitende Ideen unabweisbar.

Die amerikanische Kommunitarismus-Bewegung unterstreicht dies eindrucksvoll. Wo die öffentliche Hand trotz besten Willens kommunale Aufgaben nicht mehr erfüllen kann, tritt eine neue Form von Selbsthilfe auf den Plan. Die Bildung von Nachbarschaften, die selbstregulierend staatliche Aufgaben in die Gesellschaft zurückholen, verbunden mit Emanzipationsprozessen und der Erfüllung persönlicher Kommunikationsbedürfnisse, können geradezu zu einer Neufundierung der Demokratie von unten führen.

Der nötige Interessenausgleich zwischen Nord und Süd, West und Ost im Rahmen einer ökologisch-solidarischen Weltwirtschaft bringt einen weiteren Beweis. Eine Anpassung aller Lebensverhältnisse an die Konsumstandards des kapitalistisch-industriellen Westens wird es nicht geben können. Deshalb müssen die Maßstäbe für Wohlstand neu definiert werden. Der Vorschlag des new deal beinhaltet dies. Lebensqualität kann oberhalb einer Grundsicherung nicht primär materiell bestimmt werden. Das gilt auch als Maßstab für die Herstellung der Einheitlichkeit der Lebensverhältnisse in Deutschland.

Nur auf der Basis eines neuen Gesellschaftsentwurfs, der im klaren Kontrast zur neoliberalen Austeritäts-Politik steht, wird sich mittelfristig eine neue politische Reformkoalition im Bund halten können. Denn nur ein solcher Entwurf bietet einen Maßstab, mit dem man zwischenparteiliche Kompromisse als Fortschritt oder Blockade bewerten kann.

Alle Untersuchungen zeigen, daß es eine ökologisch und sozial aufgeklärte Mittelschicht gibt, die für eine solche Politik zu gewinnen ist[2]. Bündnis 90/Die Grünen finden in diesem Sektor der Gesellschaft den größten Rückhalt[3]. Auch in der SPD hat die postmaterielle Grundhaltung ein gewisses Terrain. Noch aber befindet sie sich in der Minderheit gegenüber den materiellen Klientelinteressen aller Gruppen. Der Klientelismus wird durch den grünen Diskursdruck in Schranken gehalten, nutzt aber in aggressiver Weise jede Gelegenheit zum Durchbruch. In der SPD existieren unverbunden nebeneinander ökologische Elemente und der Glaube an einen kaum gebremsten industriellen Produktivismus.

Die historischen, kulturellen und konzeptionellen Unterschiede von Grünen und Sozialdemokratie galten bisher immer als strategisches Dilemma. Wollte die SPD sich uns Alternativen nähern, wurde die Voraussetzung für Verhandlungen, die gemeinsame Mehrheit, zerstört. Das war der Effekt von Lafontaine 1990, als er uns unter die 5% drückte und in der politischen Mitte an die Union verlor. Wenn die SPD aber ins konservative Lager hineinmanövriert wie heute, wird eine Koalitionsbildung mit uns aus inhaltlichen Gründen schwierig. Die Idee des ökologischen new deal hilft hier vielleicht, Brücken zu schlagen.

Es gibt keine andere Chance. Die heutige gesellschaftliche Kräftekonstellation läßt nur diesen Weg zu. Wenn die Mehrheiten da sind, wird es zu rot-grünen Gesprächen kommen müssen. Niemand in der SPD wird den Verzicht auf Reformpolitik damit begründen können, daß die Grünen nicht wollen. Die Grünen sind bereit für den Machtwechsel in Bonn. Nicht zu jedem Zweck, nicht zu jedem Preis, sondern für einen erkennbaren Politikwechsel. Dann ist die Größe der ersten Schritte weniger wichtig als die Richtung. Das greift die Reformhoffnungen auf, ohne Illusionen zu schüren.

---

[1] Diese Idee wurde zuerst von einer Ökonomengruppe um Willi Brüggen, Klaus Dräger u.a. entwickelt.
[2] Vgl. z.B. Vester, von Oertzen u.a.: Soziale Milieus im gesellschaftlichen Strukturwandel - zwischen Integration und Ausgrenzung, Köln 1993.
[3] So eine Wahlforschungs-Studie von Rüdiger Schmidt-Beck.

Michael Vester

Alltagsbewußtsein und Gegenmacht

Bedeutet die 'Individualisierung' das Ende solidarischer Reformbewegungen?

Mit dem Zusammenbruch der osteuropäischen Staatssysteme begannen in verschiedenen linken Zeitschriften lange Debatten über die Identität von Sozialisten und Sozialistinnen. Nicht wenige begnügten sich mit der nun endgültig nicht mehr originellen Feststellung, daß die „sozialistischen Systeme" sich nicht als funktionsfähig erwiesen hätten. Wenn Sozialismus ein von Intellektuellen auszudenkendes und vom Staat her einzurichtendes System wäre, dann wäre er in der Tat erledigt. Wenn er aber „keine Idee, sondern eine wirkliche Bewegung" ist, wie Marx es einmal formulierte und wie es nicht erst seit Luxemburg und Korsch von einer Minderheit immer vertreten wird, dann liegen die Dinge anders. Dann müssen auch zwei fast verschüttete Diskussionslinien wieder aufgegriffen werden: die soziologische Debatte über die *Mentalitäten sozialer Klassen*, die nach den Forschungen von Fromm, Adorno und Bahrdt lange verstummt war, und die ökonomische Debatte über *Gegenmachtkonzepte im Kapitalismus*, die mit großen sozialdemokratischen politischen Ökonomen wie Galbraith und Myrdal verbunden ist. In diesem Zusammenhang müssen heute insbesondere zwei Fragen nochmals neu gestellt werden:
- Was bewegt sich wirklich? Erlaubt das heute sehr veränderte Alltagsbewußtsein der Masse der Bevölkerung noch eine Mobilisierung im Sinne der solidarischen Grundwerte von politischer Demokratie, wirtschaftlicher Mitbestimmung und sozialer Gerechtigkeit?
- Wie können solche Bewegungen auf das politisch-gesellschaftliche System einwirken? Kann die heute gewiß kritischere Alltagsmentalität auch zu einer politischen und ökonomischen Gegenmacht werden, die zwar die soziale Ordnung von Markt und sozialer Differenzierung nicht ab-

schafft, dem Kapitalismus aber die Zähne sozialer, ökologischer und militärischer Zerstörungskraft zieht?

Die Strategie einer solidarischen Gegenmachtbewegung, die Traditionen der europäischen Arbeiterbewegung wieder aufgreift, ist erneut aktuell geworden, nachdem die einst erkämpften sozialen Sicherungen durch die weltweiten Strukturkrisen und durch politische Kräfte, die eine Rückkehr zum kapitalistischen Laissez-faire propagieren, wieder gefährdet sind. Verteidigt und - was vor allem nötig ist - entschieden verjüngt und erneuert werden kann eine solidarische Politik nur durch aktive soziale Bewegungen und institutionelle demokratische Gegenmächte.

Dies wird nicht gelingen mit unveränderten alten Konzepten der Gesellschaftspolitik, seien sie staatssozialistisch, sozialdemokratisch oder kirchlich. In der Krise befinden sich nicht nur die staatssozialistischen Konzepte, deren Versuch, die destruktiven Seiten der Modernisierung durch eine bürokratische Abschaffung des Kapitalismus zu bewältigen, in bürokratische Ineffizienz und politische Tyrannei eingemündet ist. Grenzen hat auch das Drei-Säulen-Konzept der skandinavischen und angelsächsischen Sozialdemokratie, die mit ihrer Triade der gewerkschaftlichen, genossenschaftlichen und politischen Gegenmächte das kapitalistische Laissez-faire zähmen wollte. Auch diesen Konzepten fehlt eine hinreichende Öffnung zu den heute verstärkten Potentialen der Eigeninitiative, Selbsthilfe und Flexibilität von unten, mit denen viel Staats-, Verbands- und Verteilungsbürokratie ergänzt oder ersetzt werden könnte. Notwendig ist vor allem, daß sich die Gesellschaftspolitik nicht nur an intellektuellen oder bürokratischen Konzepten, sondern auch an den gewandelten Vorstellungswelten in den gesellschaftlichen Milieus orientiert.

Pluralisierung der Klassen-Mentalitäten

Zur Untersuchung dieser Mentalitätswandlungen und ihrer politischen Bedeutungen haben wir zusammen mit Peter von Oertzen, gefördert vor allem von der Volkswagen-Stiftung, seit 1987 ein größeres Forschungsvorhaben durchgeführt.[1] Unsere Befragungen zur westdeutschen Gesellschaft ergaben, daß hier trotz Tendenzen der 'Individualisierung', 'Pluralisierung' usw. keine Auflösung der Klassengesellschaft festzustellen ist, wie häufig, etwa von Ulrich Beck, behauptet wird, sondern eine Pluralisierung der Klassengesellschaft.

Dabei ist unsere Position der von Beck nicht diametral entgegengesetzt. Auch wir kritisieren idealistische Theorien, die soziale Klassen als geschlossene ökonomische Interessengruppen oder ideologische und politische Kampflager stilisieren. Ökonomische Klassendefinitionen nehmen keine Rücksicht darauf, daß die vielfältigen Varianten des tatsächlichen Alltagsbewußtseins sich nicht unmittelbar danach richten, ob die Menschen Arbeiter, Angestellte oder Kapitalisten sind. Politisch-ideologische Klassendefinitionen verkennen, daß sich bei uns in der Tat die großen Lager, vor allem das konservativ-katholische und das protestantisch-sozialdemokratische, aufgelockert oder aufgelöst haben. Die großen ideologischen Systeme, ob konservativ, sozialistisch oder postmodern, binden allenfalls intellektuelle Gruppen. Sie haben keine Massenwirkung.

Unsere Untersuchungen bestätigen aber auch nicht das andere Extrem. Die Ethiken und Weltanschauungen, mit denen sich die Menschen alltäglich orientieren, haben sich nicht spurlos zersetzt und sind auch nicht zum bloßen Echo der Massenmedien verkommen. Es gibt vielmehr immer noch eine überschaubare Pluralität gesamtgesellschaftlicher Großgruppen, die sich nach ihrer Alltagskultur, Lebensweise und Weltdeutung mehr oder minder deutlich voneinander abgrenzen und die sich auch als gewandelte Erben der traditionellen Formen der Klassenmentalitäten identifizieren lassen. Wir knüpfen damit an die neuere Forschung zu den *lebensweltlichen Klassenmilieus* an, wie sie von der Lebensweltforschung (u.a. SINUS, Becker, Ueltzhöffer), von den englischen Kulturmaterialisten (u.a. CCCS, Hoggart, Thompson, Williams, Willis) und der Sozioanalyse des Sozialraums (u.a. Bourdieu) vorangebracht worden ist.

In qualitativen und repräsentativen Befragungen konnten wir feststellen, daß im Alltagsverhalten in Deutschland nach wie vor eine obere, eine mittlere und eine untere Klassenmentalität fortwirken, die milieumäßige Zusammenhänge und auch

Abgrenzungen nach Geschmack und Wertvorstellungen stiften. Es sind Unterschiede der Lebensführung. In der obersten Gruppe, bei etwa 20% der Westdeutschen, herrscht ein Habitus der Distinktion, ganz gleich, ob es sich um die konservative Fraktion oder die technokratisch-moderne Fraktion oder die links-alternative Fraktion dieser herrschenden Klasse handelt. Auch die akademischen Intellektuellen erweisen sich, sofern sie elitären Weltdeutungen anhängen, tatsächlich weitgehend als eine Fraktion der herrschenden Klasse. Ebenfalls etwa 20% der Westdeutschen teilen die Mentalitäten der Volksklassen. Von deren drei Fraktionen ist in der Tat, und da hat auch Beck recht, die traditionelle Variante des Arbeiterbewußtseins (übrigens im Sinne Durkheims ein in vielem egalitärer Habitus der Bescheidenheit und einer Überlebensstrategie) auf etwa 5% geschrumpft, während sie sich in Ostdeutschland noch bei einem Viertel der Menschen findet. In Westdeutschland hat es also einen rascheren 'Modernisierungsprozeß' der Mentalitäten gegeben. Von großer Bedeutung ist, daß wir zwischen diesen oberen und unteren Klassen eine riesige und in sich vielfältige Mittelklasse von 60% finden. Unter deren Mentalitäten nimmt der nach oben blickende, enge und quasi servile Habitus der traditionellen Kleinbürger nur noch ein Drittel ein. Die Mehrheit besteht heute aus modernen Angestellten und Facharbeitern und Facharbeiterinnen, die seit den Bildungsreformen in modernere Berufe gekommen sind, und aus einer hedonistischen, relativ jugendlichen Fraktion.

Unter den Bedingungen wirtschaftlicher Prosperität tendiert diese vertikal dreigeteilte Gesellschaft nach ihren Mentalitäten nicht zu einer Polarisierung. Sie besitzt in der differenzierten Mitte starke kohäsive Kräfte. Wir nennen diese Konstellation 'pluralisierte Klassengesellschaft'. Klassengesellschaft wegen der vertikalen Unterschiede nach Mentalitäten, sozialen Lagen und Macht. Pluralisiert, da die Unterfraktionen dieser drei Lagen vielfältiger geworden sind. Sie haben sich horizontal modernisiert in Richtung zu weniger engen, offeneren aufgeklärteren Elementen des Bewußtseins, und das ist in der Tat die viel-diskutierte Tendenz der 'Individualisierung'. Sie bedeutet Emanzipation im Wortsinn von „Mündigwerden", und damit setzt sie eine historische Tendenz der sozialen Bewegungen und Arbeiterbewegungen der Vergangenheit direkt fort. Allerdings nicht mehr in der bekannten politisch expliziten Form, sondern als alltägliche Praxis.

Die soziale Öffnung der Gesellschaft durch Wohlstand, Bildung und erweiterte Freiräume ist keine lineare 'Tendenz'. Sie ist Teil einer Schere, einer Kombination von zwei gegenläufigen Tendenzen. Wir konnten ein Aufeinandertreffen der sozialen Öffnungen mit zunehmenden Barrieren sozialen Aufstiegs, verschärfter Konkurrenz und auch sozialer Deklassierung feststellen.

Die soziale Öffnung enthielt schon in ihrer Konstruktion einen Widerspruch in sich. Während die Zunahme emanzipatorischer Strebungen - entsprechend dem Trägheitseffekt der Mentalitäten - dauerhaft wirksam blieb, motivierten seit den 70er Jahren die strukturellen Kontraktionen der kapitalistischen Weltökonomie eine Schließung gegenüber sozialer Chancenerweiterung und Mobilität nach oben.

Vier gesellschaftspolitische Lager

Wie verarbeiten diese Gruppen die Erfahrungen der Krise politisch? Hier ist vor dem Lineal intellektueller Logik zu warnen, mit dem jeweilige Einzeltendenzen als eherne Entwicklungsgesetze in die Zukunft projiziert werden. Vielmehr beruhen gesellschaftliche Entwicklungen in aller Regel auf bestimmten *Konfigurationen verschiedener Strebungen*. So bedeutet die Zunahme von Deklassierung keineswegs eine allgemeine Verelendungstendenz, und die Zunahme des Gegensatzes von Kapital und Arbeit begründet nicht das Wachstum eines sozialistischen Klassenbewußtseins.

In unseren Befragungen haben wir vielmehr festgestellt, daß die politischen Weltanschauungen der Westdeutschen sich nach vier Gruppen etwa gleicher Größe geteilt haben. Allerdings bilden diese vier Gruppen eine Konfiguration, in der jede der vier großen weltanschaulichen Alltagsideologien und Traditionen ihren Platz hat. An den Extrempolen der Gesellschaft sind dies die 'progressiven' Modernisierungsgewinner (ca. 24%) und die 'deklassierten' Modernisierungsverlierer (ca. 27%). In der Mitte sind es die 'skeptischen' modernen Arbeitnehmer (ca. 25%) und die 'zufriedene' konservativ-ständische Mitte (24%). Diese Lager der Alltags-Weltanschauungen sind allerdings, wie Peter von Oertzen herausarbeitet, nicht unmittelbar mit den politischen Parteilagern identisch.[2]

Das Viertel der Modernisierungsgewinner in modernen und relativ sicheren Berufspositionen ist auch ein Zentrum radikaldemokratischer Politik, der Gleichstellung für Frauen, Ausländer, für ökologische Ziele. Die Hälfte von ihnen ist auch sehr stark für die Gleichstellung sozial Schwacher engagiert. Den Gewinnern direkt gegenüber gibt es einen Verliererpol der Gesellschaft, von Deklassierten, Menschen mit wenig kulturellem Kapital, überwiegend Arbeitnehmer aus der Aufbaugeneration der Bundesrepublik, heute Rentner, oft verwitwet und sozial isoliert, und junge Leute, die aufgrund geringer Berufschancen teilweise rechtsradikal tendieren. Sie alle neigen zu starken sozialen Ressentiments. Sie machen schwächere Gruppen, Ausländer, Menschen mit moderneren Lebensstilen, aber auch die Politiker zum Ersatzfeind und Sündenbock.

Obwohl die beiden Extrempole relativ groß sind, repräsentieren sie keine lineare 'Tendenz' der ständig zunehmenden Polarisierung der Gesellschaft zwischen Modernisierung und Deklassierung. Vielmehr gibt es in der Mitte der Gesellschaft eine eigene Dynamik, die nicht durch diese beiden Tendenzen gleichsam in die Extreme gezogen wird. Diese arbeitnehmerische Mitte unserer Gesellschaft ist nicht, wie die amerikanisch orientierte Gesellschaftstheorie oft meint, „all middle class", sondern besteht aus zwei Lagern, in denen sich die Geschichte der europäischen Gesellschaft ausdrückt.

Es gibt einerseits das zufriedene Viertel der Gesellschaft. Das sind die Kleinbürger im politischen Sinne, die noch an die Gottgegebenheit der gesellschaftlichen Hierarchien und ständische Gesellschaftsbilder glauben und als Klienten von der Obrigkeit auch gut betreut werden.

Daneben gibt es in der Mitte ein Element, in dem die Traditionen der europäischen Arbeiter- und Volksbewegungen nachwirken. Diese moderne arbeitnehmerische Mitte (also keine „Mittelklasse") ist heute von allen großen Ideologien desillusioniert, und zwar seit den neueren Strukturkrisen auch von der 'sozialen Marktwirtschaft', die ihnen ewige Teilhabe am Wirtschaftswachstum verheißen hatte. Bemerkenswert ist, daß die große Mehrheit dieser desillusionierten Gruppe ihre Enttäuschung über die verunsicherte soziale Lage durchaus demokratisch verarbeitet. In ihrer großen Mehrheit pflegt sie eine erfrischend skeptische Grundhaltung gegen alle, die sich ihnen mit Führungsansprüchen nähern, bei gleichzeitig aktivem demokratischen Engagement an der gesellschaftlichen Basis. Hier kehrt das klassische Arbeiterbewußtsein wieder, gegründet auf die Erfahrung der Unsicherheit und das Mißtrauen gegen Gott, Kaiser und Tribun.

Probleme politischer Mobilisierung und Integration

Interessanterweise ist diese demokratische arbeitnehmerische Mitte das einzige gesellschaftspolitische Lager, das zur Zeit wirklich wächst. Nicht der verelendende Pol der Gesellschaft, nicht der individualisierende Pol der Gesellschaft wachsen, sondern hier in der Mitte hat das konservative Lager bereits mehrere Millionen Menschen aus modernisierten, jüngeren Arbeiter- und Angestelltenmilieus an diese arbeitnehmerische Mitte verloren, so daß sie von etwa 18% auf etwa 25% gewachsen ist.

Allerdings hat sich dieser Identitätswandel in der Mitte bisher nur auf der Ebene der alltäglichen Stil- und Moralvorstellungen stabilisiert. Politisch mobilisiert werden kann und könnte dies sowohl vom rot-grünen wie vom schwarz-gelben Lager. In beiden Lagern gibt es Parteipolitiker(innen), deren Stil und Politik nach dem Geschmack dieser mobilisierten Mitte sind, nämlich sensibilisiert für soziale Ungerechtigkeit und politische Mitbestimmung und für modernere, tolerantere und offenere Lebens- und Politikstile. Wo die SPD eine entsprechende Politik des Aufbruchs und der Perspektiven verkörpert, kann sie in den Traditionshochburgen der Union viele modernere Arbeitnehmer zu sich herüberziehen. Wo die

Union dynamische und moderne Perspektiven verkörpert, kann sie dies verhindern. Mit konservativen oder angstpolitischen Strategien dagegen können hauptsächlich nur die Ressentiments im deklassierten Viertel der Gesellschaft angesprochen werden. Die politischen Wahlkämpfe des Jahres 1994 werden aber mehr noch um die moderne Mitte geführt. Sie wäre von der SPD her eher durch eine Politik des Aufbruchs und der Perspektiven mobilisierbar, eine Politik, die sich von den Grünen durch Realismus und von den Bürgerlichen durch Modernität und Offenheit des politischen Stils absetzt. Der 'Masseneffekt der Individualisierung' in der Mitte schafft, nach der Datenanalyse Peter von Oertzens, überhaupt erst ein mehrheitsfähiges (und von Rot und Grün arbeitsteilig mobilisierbares) Reformpotential[3], da das politisch besonders aktive Viertel der 'progressiven' Modernisierungsgewinner allein hierfür nicht ausreicht.

Die Mobilisierung der beiden Reform-Lager wird den Parteien nicht geschenkt. Die sog. 'Politisch Verdrossenen', die aufgrund der genannten Politik- und Gerechtigkeitsvorstellungen von der politischen Klasse enttäuscht sind[4], sind auf etwa 65% der Westdeutschen angewachsen, etwa 40% stammen aus den beiden Reformlagern und etwa 25% aus dem Lager der Deklassierten.

In Ostdeutschland spitzt sich die politische Integrationsproblematik spezifisch zu. Dort hat die deutsche Vereinigung die mitgebrachten ökonomischen, kulturellen und sozialen Potenzen rasant entwertet und somit die sozialen Ungleichheiten potenziert. Schon in der DDR hatte der Gegensatz zwischen der Bürokratie und den menschlichen wie technischen Produktivkräften alle Entwicklungen gelähmt. Mit der Vereinigung haben die produktiven Potentiale an Facharbeitern und Facharbeiterinnen, Ingenieuren und anderer Intelligenzen vor allem auf den mittleren Ebenen der Milieus auf ihre Chance gehofft. Statt dessen wurden sie durch die Überstülpung der westlichen Bürokratie- und Marktkontexte entwertet. Dies hat in Ostdeutschland inzwischen eine entschiedene Besinnung auf das eigene Selbstbewußtsein befördert. Dem entspricht aber an der Spitze der Gesellschaft kein politischer Ausdruck. Die Parteien gelten überwiegend als Junior-Organisationen

Bonner Politik, so daß ein Vakuum in der Vertretung des ostdeutschen Regionalinteresses entsteht. Davon profitiert die PDS mit ostdeutschen Wahlerfolgen bis um 20%. Jede andere Partei, die als eigene 'Regionalpartei' aufträte, würde davon ebenfalls profitieren - wie dies in Europa viele regionale Kräfte tun, seien sie bayerisch oder katalanisch.

Der „Gesamtarbeiter" und die Solidarität

Die Mentalitäten der sozialen Gruppen drücken sich nicht nur als geschmackliche und weltanschauliche Optionen aus. Sie sind zugleich wirtschaftliche Produktivkräfte, Potenzen der individuellen wie auch der kooperativen Kompetenz und Arbeitsmotivation, wie sie etwa am Beispiel der protestantischen Ethik oder der japanischen Produktivitätsmodelle diskutiert werden. Die Hemmung dieser Kräfte durch träge Hierarchien entspräche dem Widerspruch von Produktivkräften und Produktionsverhältnissen, der auch in der Marxschen Analyse als strukturelle Bedingung von Systemveränderungen gilt.[5]

Die Veränderung der Mentalitäten birgt zugleich gesellschaftspolitische Potenzen und Potenzen der produktiven Intelligenz. Durch die kulturellen Veränderungen des Alltagsbewußtseins sind auch in der Mitte und unten in der Gesellschaft große Fraktionen von Volksklassenintelligenz und Mittelklassenintelligenz entstanden.

Von diesen Gruppen ist der sog. „Neue Arbeitertypus" die interessanteste Entdeckung. Bei diesen egalitären und autoritätskritischen Arbeitern ist die alte Tradition der handwerklichen und künstlerischen, der praktischen Intelligenz wieder aufgetaucht. Sie arbeiten in sozialen, technischen Berufen usw., definieren aber ihr Lebensziel nicht als einen endlosen Aufstieg nach oben, da sie ihre Zeit lieber der Pflege ihrer sozialen Beziehungen, der Erprobung unkonventioneller Lebensformen und neuer Berufspraktiken, aber auch direkter politischer Aktion widmen. Diese Experimentierfreude ist gepaart mit einem vorsichtigen Realismus, den sie - mit anderen Tugenden - aus den elterlichen Facharbeitermilieus übernommen haben. Offenbar haben sich durch die Bildungsöffnungen und das Wachstum intelligenter Berufe Familientraditionen der weltoffenen, wandernden und oft mehrsprachigen Handwerker revitalisiert. Die Gruppe von 5% kann bis zum Jahre 2000 etwa 10% erreichen. An der gewerkschaftlichen Basis und in Bildungsinstitutionen stellen sie bis zu 15% der Aktiven.

Die neue technologische Revolution und die neue Veränderung der Alltagskultur haben den Charakter des „Gesamtarbeiters", um diese Marxsche Kategorie zu verwenden, wesentlich verändert. Bis in den Kern der Gesellschaft sind große innovative und intelligente Potentiale für einen kooperativen Arbeitsstil, für aufgeschlossene Problemlösungen und emanzipatorische Ziele entstanden.

Was die Politiker und auch Linke und Gewerkschafter säuerlich als „Entpolitisierung" oder „Entsolidarisierung" beklagen, ist die alte Klage über den Generationenbruch. Durch die großen kulturellen Öffnungen haben vor allem die Jüngeren bis 40 Jahre mehr 'Individualität', d.h. mehr Urteilsvermögen, weniger Gehorsamsbereitschaft und mehr Streben nach Selbstverwirklichung. Natürlich sind sie schwerer zu verbindlichem Engagement zu bekommen, oft narzißtischer und eigenwilliger. Gewerkschafter wissen ein Lied von den hochkompetenten, aber auch unberechenbaren jüngeren „Ego-Gewerkschaftern" zu singen. Aber sie sind nicht unorganisierbar, sondern *anders* organisierbar, als es die typischen Älteren gewohnt sind. Es ist gerade diese „ärgerliche Autonomie", die sie zum Potential einer wirklichen Demokratisierung von unten macht.

---

[1] Zusammengefaßt in: Michael Vester/Peter von Oertzen/Heiko Geiling/Thomas Hermann/Dagmar Müller, Soziale Milieus im gesellschaftlichen Strukturwandel. Zwischen Integration und Ausgrenzung, Köln: Bund Verlag 1993. - Die Untersuchung beruhte auf sozialen Strukturanalysen in drei typischen Regionen und etwa 250 langen Interviews ohne Antwortvorgaben über mehrere Generationen. Auf diesen qualitativen Untersuchungen baute ein sehr differenzierter Fragebogen auf, mit dem eine große repräsentative Stichprobe der Westdeutschen interviewt wurde. Die Typologien der Mentalitäten wurde dabei nicht vorgefertigt erhoben, sondern jeder Typus wurde aus Hunderten von Einzelmerkmalen erst nachträglich ermittelt und auch historisch-theoretisch überpüft. Die sog. „multivariate" Analyse, die durch die neuere Computertechnik erstmals

2 kostengünstig möglich wurde, ermöglicht eine Klassenanalyse, die auf die alten ökonomistischen Vereinfachungen verzichten kann.

2 In jedem der vier Lager sind alle Parteien vertreten, allerdings mit erkennbaren Schwerpunkten (Sympathien leicht oder stark über dem Bevölkerungsdurchschnitt). So gibt, ganz vereinfacht gesagt, es bei den 'Progressiven' ein rot-grünes Übergewicht, bei den 'modernen Arbeitnehmern' ein rot-schwarzes mit grünen Tupfern, bei den Konservativen ein schwarzes mit roten und gelben Tupfern, bei den 'Deklassierten' ein rot-schwarzes mit braunen Tupfern. - Näheres bei: Peter von Oertzen, Eine gesellschaftliche Basis für Rot-Grün?, in: SPW - Zeitschrift für sozialistische Politik und Wirtschaft, H. 3/1994, S. 30-35.

3 von Oertzen, a.a.O; Vester, von Oertzen, Geiling, Hermann, Müller, a.a.O.

4 Wir können drei Formen der Verdrossenheit und radikalen politischen Systemkritik unterscheiden, eine ethisch begründete bei etwa der Hälfte der Modernisierungsgewinner, eine interessenbegründete bei den sozial verunsicherten Arbeitnehmern der Mitte und eine ressentimentgeleitete bei den 27% Deklassierten.

5 Vgl. die weithin anerkannte moderne Formulierung in: David Lockwood, Soziale Integration und Systemintegration [1964], in: Wolfgang Zapf (Hg.), Theorien des sozialen Wandels, Königstein/Ts. 1979, S. 124-137.

Helmut Schauer

Die Industriegewerkschaft und was dann?

Anmerkungen zur gewerkschaftlichen Reformdebatte

Vor zehn Jahren erschien zum 60. Geburtstag von Theo Pirker eine Festschrift, in der sich ein ganzes Institut für sozialwissenschaftliche Forschung - 665 Seiten schwer - mit der Frage beschäftigte: "Das Ende der Arbeiterbewegung in Deutschland?". Und nun laden mich die Herausgeber dieses Buches ein, zu Ehren von Peter von Oertzen einen kurzen Essay zum gleichen Thema zu schreiben.

Ich möchte mich hier auf wenige Anmerkungen zu der Reformdiskussion beschränken, die nun in den Gewerkschaften geführt wird. Und ich möchte dabei an die Überlegungen von Theo Pirker über das "Ende der Gewerkschaftsbewegung" anknüpfen, die er in einem Thesenaufsatz, auf den sich dann die Diskussionsbeiträge der genannten Festschrift bezogen, vorgelegt hat:

"Die Geschichte der deutschen Gewerkschaften nach 1945 ist gekennzeichnet von der zunehmenden Macht der sich als "Industriegewerkschaften" verstehenden großen Verbände und der abnehmenden Macht des Gewerkschaftsbundes. Dieses Problem wird innerhalb der Gewerkschaften seit Jahrzehnten gesehen und periodisch diskutiert, die Interessen und die Macht der großen Verbände setzen sich jedoch von Fall zu Fall massiv durch. Aus dieser Durchsetzung der Macht der großen Verbände ergibt sich die faktische Auflösung der Einheit der Gewerkschaften und damit das Verschwinden der Arbeiterbewegung. Die Identifizierung von Mitgliedern, Aktivisten, Funktionären und Führern bezieht sich innerhalb der Gewerkschaften auf den Verband und nicht auf den Gewerkschaftsbund. Dies bedeutet, daß es keine Gewerkschaftsbewegung trotz rhetorischer Beteuerungen und politischer Proklamationen mehr gibt. Die Gewerkschaft wird von der Mehrzahl der Mitglieder nicht allein als Schutzorganisation aufgefaßt, sondern mehr noch als Versicherungsorganisation, und dies trotz oder gerade wegen einer gewerkschaftlichen Bildungsorganisation, wie sie in dieser Größenordnung sowohl in der Geschichte der deutschen als auch der internationalen Arbeiterbewegung wohl einmalig ist." (Das Ende der Arbeiterbewegung in Deutschland, S. 50).

Für viele Beobachter der gewerkschaftlichen "Reform-Debatte" scheint es offenkundig tatsächlich so, als ob diese düstere Diagnose nur noch im letzten Stadium endgültig bestätigt würde. In dieser Optik erscheint die "Reform des DGB" lediglich als blasphemische Verschleierung für seinen weiteren Abbau, während die Einzelgewerkschaften den Ausweg in defensiven Maßnahmen bestands- und effizienzsichernder Rationalisierung und Modernisierung suchen, wozu auch der Zusammenschluß und die weitere Konzentration der Verbände gehört - ein Rezept freilich, das - wie die britischen Unions seit Jahren vorexerzieren - den Schwund der gewerkschaftlichen Basis nicht stoppen kann.

So kann es kommen. So muß es kommen, wenn Pirker mit seiner These recht haben sollte, wonach sich die "Identifizierung von Mitgliedern, Aktivisten, Funktionären und Führern" auf den gewerkschaftlichen Einzelverband und nicht auf den Gewerkschaftsbund bezieht. Für sich genommen, bleibt diese These allerdings formal, weil sie nicht danach fragt, inwiefern die Identifikation mit der Einzelgewerkschaft nicht zugleich auch universelle, auf die Gewerkschaften als Ganze gerichtete Elemente enthält. Das gilt beispielsweise für die "Aktivisten", die ja doch vom Begriff her aus moralischen, also universellen Energien handeln. Eigentlich dürfte es für Pirker diesen Typus gar nicht mehr geben, weil er doch zugleich davon ausgeht, daß das traditionelle gewerkschaftliche Klassenbewußtsein generell durch eine entpolitisierte Schutz- und Versicherungsmentalität abgelöst worden sei. Auch hier wäre allerdings zu fragen, ob diese von Pirker schon in der Stabilitätsphase Mitte der sechziger Jahre aufgestellte Formel durch die Politisierungsprozesse seit Ende der sechziger Jahre und erst recht durch den seitdem anhaltenden Krisenprozeß mit seinen sozialen Erschütterungen überholt und jedenfalls differenzierungsbedürftig geworden ist.

Diese Einwände können freilich die Grundthese Pirkers vom Zerfall der Gewerkschaften in unpolitische Interessenverbände nicht widerlegen. Tatsächlich sucht ein a-historischer Modernisierungs-Pragmatismus nach Krisenlösungen, die nach dem Muster technokratischer Anpassungsrationalisierung schließlich die selbstzerstörerische Auflösung der Gewerkschaft als Einheit vertiefen müßten. Das ist gewiß eine einflußreiche Strömung, die sich auf kurzfristige Selbsterhaltungsinteressen in den Apparaten stützen kann. Der Preis ihres Sieges wäre allerdings die destruktive Abdrängung des verbliebenen politisch-moralischen Aktivismus, sozusagen des Bewegungsflügels in den Gewerkschaften und damit ihre weitere Rückbildung zu bloßen Institutionen.

Eine politische Reform der Gewerkschaften kann nicht am Kopf, also am Bund ansetzen - der jetzt schon nach dem Muster der DDR-Bürokratie oft zum "Dachverband" erklärt wird. Immerhin ist es schon merkwürdig, wenn die wirkliche organisatorische Grundstruktur der Gewerkschaften in ihren Reform-Überlegungen allenfalls eine zweitrangige Rolle spielt, jedenfalls nicht als einer der historischen Referenzpunkte gesehen wird, auf den sich eine selbstaufklärerische, reformgerichtete Diskussion beziehen müßte.

Leitbild und "Projekt" gewerkschaftlicher Organisationsarbeit in Deutschland war bis in die Anfänge der Gewerkschaften zurück tatsächlich die Industriegewerkschaft, der nach Branchen und nach dem Prinzip "Ein Betrieb - eine Gewerkschaft" aufgebaute Verband. An diesem Muster haben sich letztlich auch die Gewerkschaften außerhalb der Privatindustrie orientiert. Aber die Industriegewerkschaft war eben nicht nur ein formal-organisatorisches Gliederungsprinzip. Sie war viel mehr, nämlich: eine soziale Organisationsform. Die Industriegewerkschaft repräsentierte einerseits die arbeitsteiligen Berufe und ihre Interessen. Ihre Gründer waren die handwerklich-ständisch geprägten Berufsgewerkschaften, die mit ihrem Zusammenschluß die Konsequenz aus der Industrialisierung zogen, die verwandte Berufe in einem einheitlichen betrieblichen Produktionsprozeß zusammenführte. Aber die Industriegewerkschaft organisierte bald auch Arbeiter - unabhängig von ihren Berufen -, wenn sie in ihrer Branche arbeiteten. Diese Öffnung, die übrigens nicht unumstritten war, was beispielsweise in den USA für über ein halbes Jahrhundert zur Gewerkschaftsspaltung führte und die sich in Deutschland dem Einfluß anti-ständischen Klassendenkens verdankte, wurde schließlich mit dem Prinzip "Ein Betrieb - eine Gewerkschaft" zum organisationspolitischen Grundgesetz der Industriegewerkschaft. Diese hat aber die Berufsgewerkschaften nicht einfach abgelöst, sondern insofern in sich "aufgehoben", wie sie weiterhin die berufsgebundenen Identitäts- und Repräsentationsbedürfnisse der Arbeiter vertrat, so daß die Mitgliedschaft im "Verband" ein immanter, sozusagen selbstverständlicher Bestandteil ihrer Berufsrolle blieb. Mit diesem Doppelgesicht als Organisation von Berufsarbeit und Industriearbeit an sich, zeigt die Industriegewerkschaft kaum zufällig Parallelen zur Sozialfigur des deutschen Facharbeiters, der ja zunächst auch ein "industrialisierter Handwerker" ist.

So konnte die Industriegewerkschaft zum gewerkschaftlichen Organisationsmodell der Industrieealisierungsepoche werden. Sie hat es zunächst möglich gemacht, nicht nur die Facharbeiter, sondern auch die Massen an- und ungelernter oder berufsfremder Arbeiter gewerkschaftlich zu organisieren, die mit der Expansion der rationalisierten Massenfertigung in die Betriebe einzogen. Nach dem 2. Weltkrieg konnte sie, nun gestärkt als politische Einheitsgewerkschaft mit der Öffnung für die Angestellten beginnen, die gewerkschaftliche und soziale Spaltung zwischen Arbeitern und Angestellten zu überwinden. Im "golden age" der Nachkriegsjahrzehnte hatte sie ihre Aufstiegs- und Blüteperiode. Der "keynessianistische Kompromiß" für ein durch staatliche Wirtschaftspolitik gestütztes und verstetigtes Wachstum mit Vollbeschäftigung und Preisstabilität schuf ökonomische Rahmenbedingungen für die erfolgreiche Wahrnehmung der gewerkschaftlichen Kernaufgaben durch die Branchengewerkschaften. In diesem Rahmen schlug, ablesbar an der Tarifpolitik, auch die Aufspaltung in unabhängig handelnde Verbände kaum negativ zu Buche. Im Gegenteil: Mit den hochkonzentrierten Arbeitnehmern der großindustriellen, tayloristisch rationalisierten Massenproduktion - prototypisch dabei die Automobilarbeiter - konnte die IG Metall gewissermaßen als die Industriegewerkschaft "per excellence" zur vorwärtstreibenden Kerntruppe für die Tarifpolitik werden. Dem "Dachverband" blieb die Rolle einer politischen "Lobby-Institution", die auf den Feldern der Sozialpolitik durchaus erfolgreich am Ausbau des Sozialstaates mitwirken konnte.

Das "Projekt" der Industriegewerkschaft konnte sich also in und mit der fordistisch-keynessianistischen Entwicklungsphase voll entfalten, scheint nun aber wie diese in seinen historischen Möglichkeiten erschöpft zu sein. Aus diesem Altern der industriegewerkschaftlichen Organisationsform muß freilich nicht zwangsläufig ihr Niedergang folgen. Ausgereift enthält sie vielmehr auch die Voraussetzungen für eine produktive Reorganisation, die den postfordistischen Bedingungen und Anforderungen entspricht. Werden diese Möglichkeiten zur Reform nicht einigermaßen konsequent aufgegriffen, dann müssen sie in zusätzliche regressive Belastungen umschlagen.

Mit der Entfaltung der Industriegewerkschaften haben sich - je größer um so mehr - ihre berufsgewerkschaftlichen Identifikationen und Bedingungen aufgelöst. Dem realen Bedeutungsverlust der traditionellen Berufe, sozusagen der Erosion des Facharbeiters entsprechend, schrumpfte die berufliche Bindung der Gewerkschaften auf die Berufsbildungspolitik ein. Als besonders repräsentations- und betreuungsbedürftig erschienen jetzt, zunächst unabhängig von ihrer konkreten Arbeitsrolle, die sozialen "Personengruppen" der Jugendlichen, Frauen, Angestellten und schließlich der Ausländer.

Diese Tendenz zur Entberuflichung wird nun durch den neuerlichen Schub zur "Tertiarisierung der Arbeit" nochmals nachhaltig verstärkt, der durch den Einzug der Mikroelektronik in Fertigung und Verwaltung ausgelöst wird und die Arbeitsvollzüge quer durch die Branchen angleicht. An die Stelle des einmal erlernten, für das ganze Leben den sozialen Status bestimmenden Berufes treten permanente Weiterbildungsanforderungen und Arbeitsverhältnisse, die zunehmend Job-Charakter annehmen. So wird mit der Berufsrolle, die einst auch die Gewerkschaftszugehörigkeit "enthielt", auch die Gewerkschaft geschwächt. Aus der Industriegewerkschaft ist eine bloße Branchengewerkschaft geworden, die zwar mit den spezifischen technologie- und industriepolitischen Problemen ihres jeweiligen Feldes zu tun hat, die aber mehr und mehr die Züge der "general unions", der allgemeinen Gewerkschaft annimmt, die alle möglichen Bereiche organisiert. Das ist eine der Voraussetzungen, unter der sich bei objektiv mehr und mehr zerfließenden Branchengrenzen und schmaleren Ressourcen der "Gewerkschafts-Kannibalismus", die Konkurrenz um Mitglieder und Organisationsfelder in jüngster Zeit verstärkt.

Starr festgehalten, droht die Industrie-Gewerkschaft zum Hemmschuh der gewerkschaftlichen Entwicklung zu werden. Das gilt insbesondere für die gewerkschaftliche Einbindung in Betrieb, Kommune und Region, in Alltagswelt und soziale Milieus. Mit der Entwicklung der Industriegewerkschaft ging auch die Umformung von der Lokal- zur Betriebsorganisation einher. Selbst die IG Metall hat ihre Mitgliederorganisation erst nach dem 2. Weltkrieg vollends vom Wohnort auf den Betrieb umgestellt - was übrigens einer Forderung ihres produktionsorientierten kommunistischen Flügels aus der Weimarer Zeit entsprach. Dabei stand natürlich der Großbetrieb, in dem man die Zukunft sah, im Vordergrund. Im Großbetrieb mit seinem avantgardistischen Arbeitermilieu lag die Stärke der Industriegewerkschaft.

Unter postfordistischen Bedingungen wird die ausschließliche organisationspolitische Orientierung auf das Standbein des Betriebs fragwürdig. Die Bedeutung des Großbetriebs nimmt ab, die Betriebsgrößen schrumpfen. Die Umformung von Betriebseinheiten und -funktionen in eigenständige Unternehmen und Profit-Centers, der Einsatz von Leiharbeit usw. stellt selbst die einheitliche betriebliche Arbeitnehmervertretung und damit das Prinzip "Ein Betrieb - eine Gewerkschaft" in Frage. Mit dem lebensweltlichen Bedeutungsverlust der Erwerbsarbeit für die Arbeitnehmer und der Austrocknung informeller Beziehungen im lean-rationalisierten Betrieb bei generalisierter Beanspruchung der Arbeitsperson durch diesen, verengen sich die Spielräume für gewerkschaftliches

Engagement im Betrieb. Kleinbetriebe und stark informell geprägte Arbeitsverhältnisse nehmen ebenso zu wie jene Bereiche hauptsächlich bei den Dienstleistungen, die gewerkschaftlich immer schon schwer zu organisieren und arbeitsrechtlich kaum zu kontrollieren waren.

So wächst nicht nur der Druck auf die betriebsgebundene Gewerkschaft, zugleich erschweren ihre Strukturen auch den Aufbau lokaler und regionaler Gewerkschaftskulturen und -netzwerken, überhaupt systematische Anstrengungen zur gewerkschaftlichen Verankerung in den lokalen sozialen Milieus, durch die dann auch das betriebliche Engagement gestützt werden könnte. Darüber hinaus sind die Gewerkschaften in ihren gegenwärtigen Strukturen offenkundig nicht in der Lage, die weitreichenden sozialen Umschichtungen praktisch und politisch adäquat zu verarbeiten, die sich in der "Arbeitnehmerschaft" vollziehen. Der Anteil der direkt oder indirekt von Erwerbs- und Transfereinkommen abhängigen Menschen, die als Arbeitslose, Rentner oder auch als Studierende nicht in Erwerbsarbeit stehen, ist riesig gewachsen. Die Gewerkschaften selbst haben inzwischen weit mehr als eine Million Mitglieder, die nicht oder nicht mehr im Betrieb sind. Alle diese Menschen sind indirekt vom Druck auf die Erwerbseinkommen und direkt vom Abbau der Sozialleistungen und der sozialen Infrastruktur betroffen. Offensichtlich ist es eine erstrangige strategische Frage, ob die Gewerkschaften diese Interessen und politischen Potentiale von der Basis her organisieren und geltend machen oder ob sie dem Sog der herrschenden sozialen Ausgrenzungsmechanismen folgen und sich auf die "Gewinner" im Betrieb zurückdrängen lassen. Aber diese Interessen sind auch kaum noch an die Gliederungen des Erwerbssystems gebunden, sie sind allgemein-politisch und müssen auch so organisiert und vertreten werden.

Angesichts all dieser Bedingungen und Entwicklungen kann es tatsächlich nur gespenstisch anmuten, wenn vom Rückzug des DGB aus der Fläche die Rede ist, wenn die Einzelgewerkschaften ihre Flächenstrukturen, die ebenfalls unter Druck stehen, ausschließlich partikularistisch, so als ob sie allein auf der Gewerkschaftswelt wären, gestalten, wenn die Präsenz der Gewerkschaften vor Ort nicht als eine gemeinsame Aufgabe gesehen und organisiert wird. Hiergegen zeigen sich erst in jüngster Zeit Ansätze, aufeinander zuzugehen. Dabei sind die neuerdings gern als die "Kleinen Tiger" apostrophierten Verbände (GHK, HBV, IG Medien, NGG) auf dem Sprung zu weiterreichenden politischen und organisatorischen Vereinigungsschritten bei Aufrechterhaltung eigenständiger Branchenstrukturen. Darüber hinaus ist sehr zu hoffen, daß die auf dem letzten DGB-Kongreß vorgetragenen Aufforderungen, hier vor Ort selbständige Initiativen zu entwickeln (D. Hensche, F. Teichmüller), auch tatsächlich aufgegriffen werden. Die nötige gewerkschaftliche Reformbewegung kann nur von "unten" und nur mit der Idee eines gemeinsamen Neubeginns entstehen. Und nur so wird sich dann auch die "Zukunftsaufgabe" aktiver gewerkschaftlicher Regional- und Lokalpolitik offensiv erfüllen lassen.

Erst recht erfordern die epochalen Veränderungen der allgemeinen politisch-ökonomischen Rahmen- und Handlungsbedingungen für die Gewerkschaften, daß sie aus der industriegewerkschaftlichen Selbstvergessenheit oder auch Selbstüberschätzung aufwachen und sich als die "general unions" verstehen, zu denen sie längst geworden sind. Die Politik der bloßen Verteidigung der erreichten sozialstaatlichen Besitzstände auf der Basis des sozialstaatlichen Reformismus ist schon zusammengebrochen. Die Zuspitzung der Krise, die Einschnürung durch den internationalen Konkurrenzkrieg hat die Gewerkschaften schon zur Hinnahme von Verschlechterungen, ja immer mehr zur Mitwirkung beim Abbau gezwungen. Und das auf allen Ebenen: der staatlichen Sozialpolitik, der Tarifpolitik, der Betriebspolitik. Die generelle Absenkung des Lohnniveaus, die jetzt von den Arbeitgebern angestrebt wird, ist ebenso wie die Destruktion der Tarifverfassung eine strategisch-politische Frage. Eine wirksame Abwehrpolitik verlangt eine sehr viel weitergehende politische Konzentration der Kräfte als die locker koordinierte Tarifpolitik, die in der Vergangenheit genügte.

Auf dem Spiel steht ja längst nicht mehr nur eine, womöglich als zeitweilig mißverstandene Schwächung der Gewerkschaften. Es geht vielmehr darum,, ob überhaupt eine Sozial- und Arbeitsverfassung zu halten ist, in der die Gewerkschaften einen legitimen Platz haben. Für den radikalen Neoliberalismus, der sich inzwischen auch in der Bundesrepublik mehr und mehr durchsetzt, sind die Gewerkschaften als die intermediären Verbände die kollektive Arbeitnehmerinteressen mit der gesamtstaatlichen Politik vermitteln sowohl ein überständiger Hemmschuh gegen die Deregulierung der Sozial- und Arbeitsverfassung als auch schlichtweg funktionslos.

Dennoch kommt es immer wieder zu politischen Vorstößen, die darauf abzielen, die Gewerkschaften in eine Politik des Krisenmanagements einzubeziehen. Sicherlich ist der Versuch zur Begründung eines neuen Sozialpakts am Unwillen der gegenwärtigen Regierungsmehrheit gescheitert, eine innerstaatlichen Politik des sozialen Ausgleichs zu entwickeln. Aber selbst wenn eine solche Politik ernstlich versucht würde, müßte sich schnell zeigen, daß die nationalstaatlichen Handlungsmöglichkeiten zur umfassenden Sicherung und Bewahrung des Sozialstaats und seiner Errungenschaften nicht mehr ausreichen. Denn die Abdankung staatlicher Wirtschaftspolitik, wie sie von den "Rexrodt´s" vollmundig proklamiert wird, ist ja nicht allein ideologische Verblendung, sondern auch die Dummheit der Ohnmächtigen, die die politische unbeherrschte Auflösung der Nationalökonomie und den damit verbundenen Souveränitätsverlust in ihrer Konkurrenz-Philosophie auch noch simpel überhöhen, der von der Globalisierung der Ökonomie ausgeht.

Ihre uneingestandene, verdrängte und ideologisch verkehrte Ohnmacht ist eine der Ursachen für den Zerfall der Politik und ihre zunehmende Scheinhaftigkeit. Halten die Gewerkschaften an der Orientierung auf den sozialstaatlichen Etatismus fest, mit der sie in der Prosperitätsphase erfolgreich waren, dann wird der Sog des politischen Verfalls für sie selbst übermächtig. Eine in diesem Sinne "nachpolitische" Gewerkschaftspolitik müßte schließlich auf eine Modernisierungs-Partnerschaft schrumpfen, die den sozialstaatlichen Niedergang nur noch "sozialverträglich" moderiert und sich letztlich als illusionär erweist. Unter diesen Vorzeichen wären die Konflikte und Gegenkräfte, die von den sozialen Erschütterungen hervorgerufen werden, nur noch in Abwehrkämpfen zu erschöpfen, ohne daß die Gewerkschaften dem Legitimitätsverlust entgehen könnten, der schon die Parteien erfaßt hat.

Die Zukunft der Gewerkschaften hängt von ihrer Re-Politisierung in dem Sinne ab, den Ulrich Beck in seinem neuen Buch "Die Erfindung des Politischen" formuliert hat: In der gegenwärtigen Epoche müssen die "Ziele der gewerkschaftlichen Entwicklung (und damit auch die der Politik) neu ausbuchstabiert werden. Genau das meint die Erfindung des Politischen: Das Modell der westlichen Moderne - jene "okzidentale" Mischung aus Kapitalismus, Demokratie, Rechtsstaatlichkeit und nationaler, was auch immer heißt: militärischer Souveränität - ist antiquiert, muß neu verhandelt werden. Das ist der Kern der viel diskutierten Krise der Parteiendemokratie" Wollen sich die Gewerkschaften dieser für sie lebensgefährlichen Krise entziehen und selbst erneut zu einem Kraftzentrum für die Neubestimmung der gesellschaftlichen Ziele werden, dann wird das schwerlich mit einer Verfassung möglich sein, die ihren politischen Schwerpunkt einzelgewerkschaftlich partikularisiert und den Bund auf institutionalistisches politisches Verwaltungshandeln reduziert. Dazu bedarf es einer Gewerkschaft, die das Selbstbewußtsein und die Kraft gemeinsamer, handlungsfähiger Organisationsmacht hat.

Hier ist dann nochmals auf Theo Pirker zurückzukommen. Sein Urteil über die Industrie-Gewerkschaft ist ja auch deshalb so barsch, weil er aus der Perspektive der autonomen Organisations-Bestrebungen argumentiert, die in der Neugründungsphase nach 1945 auf den Allgemeinen Gewerkschaftsbund als einheitliche Organisation mit Branchengliederungen drängten. Pirker, der Münchner, tritt sozusagen als Anwalt des Allgemeinen Bayrischen Gewerkschaftsbundes - aber auch aller anderen, die damals in ganz Deutschland bestanden - auf, der es eigensinnig nicht verwinden will, daß den neugebildeten Gewerkschaften im Nachkriegs-Deutschland - dem "Wunder der Organisation", von dem er spricht - gegen ihren Willen per Besatzungsdiktat die industriegewerkschaftliche Organisationsform aufgezwungen wurde. Diese strukturelle Schwächung als politischer Verband war einer der Eingriffe, mit denen die Gewerkschaften gegen ihre Ziele der "Neuordnung von Staat, Wirtschaft und Gesellschaft" für die Restauration gezähmt wurden. Heute geben die Erfordernisse der Zeit, vielleicht auch die internationale politische Normalisierung Deutschlands, allen Anlaß, nochmals auf dieses Diktat und die damit verlorenen Möglichkeiten zurückzukommen. Das würde nicht zuletzt auch den Intentionen der Gewerkschafter entsprechen, die aus diesen Niederlagen der Nachkriegszeit die Konsequenz einer aktiven, von der Industriegewerkschaft getragenen Politik zur Verbesserung der Lebensbedingungen der Arbeitnehmer zogen - immer in der strategischen Hoffnung, daß daraus schließlich eine gestärkte Gewerkschaftsbewegung hervorgehen würde, die denn doch eine neue gerechtere Gesellschaft schaffen könnte.

Jürgen Seifert

Chancen von BürgerInnenpolitik gegenüber den Parolen von „rechts"?

Plädoyer wider die Perspektivlosigkeit in der SPD

Nur wer scheidet und unterscheidet, kann entscheiden und politisch etwas bewirken. Es war eine der großen Fähigkeiten von Kurt Schumacher, in diesem Sinn zu scheiden und die entscheidenden politischen Alternativen begründen zu können. Selbst bei der „Umarmungstaktik" von Herbert Wehner war zu spüren, hier geht es nicht lediglich um Ministerposten, sondern darum, die Union zu einer anderen Ost-Politik zu zwingen.

Wo ist in der Bonner SPD-Spitze gegenwärtig etwas von der einen oder der anderen Fähigkeit zu spüren? Als Beobachter gewinnt man den Eindruck, es dominiert ein borniert soziologischer, volkswirtschaftlicher, systemtheoretischer oder an Meinungsumfragen orientierter Blick. Es gibt ein facettenreiches Programm, aber die Bonner Parteispitze zeigt auf dieser Grundlage keine Alternative für einen Wechsel auf. Warum sollen sich Wählerinnen und Wähler „mobilisieren" lassen, wenn der Kern der Wahlaussage mehr oder weniger auf den Satz beschränkt bleibt: „Wir wollen stärkste Partei werden"? Mit solcher Politik des Sich-nicht-Festlegens ist die SPD nicht nur bei der letzten Bundestagswahl gescheitert.

Es ist nicht zu erkennen, daß die SPD ihr Schweigen gegenüber jeder Koalitionsaussage ändert. Ein einflußreicher Flügel in der SPD, der sich der Union mehr verbunden fühlt als den GRÜNEN, blockiert dies mit aller Macht. Doch auch ohne Änderung dieser faktischen Negativfestlegung könnte die Sozialdemokratie wieder verlorenes Terrain zurückgewinnen, wenn sie ihren Ort in der gegenwärtigen politisch-gesellschaftlichen Situation bestimmt und zeigt, um welche politischen Alternativen in der Bundesrepublik es gegenwärtig geht. Ich will darlegen, wie diese aussehen könnten.

Widerstand gegen alle zum Rechtsextremismus hin offenen Grauzonen

An Hand von sechs Beispielen werde ich deutlich machen, in welcher Weise rechtsextreme Positionen wenigstens in Ansätzen heute in die „politische Mitte" wirken und damit dazu beitragen, daß dort gefährliche Grauzonen hin zum Rechtsextremismus entstehen. Die extreme Rechte - so meine These - bestimmt, was „rechts" ist. Die SPD muß das herausarbeiten:

Deutsches Volk: Die extreme Rechte definiert Volk vom „deutschen" Blut her; sie hat „das Deutsche" überhöht und proklamiert erneut nationale Überlegenheit. Diese Position wird aufgenommen, wenn die deutsche (z.B. im Ruhrgebiet bewiesene) Integrationsfähigkeit Fremden gegenüber geleugnet, wenn auch in der Union von der „Reinheit" des deutschen Volkes gesprochen und zugleich eine doppelte Staatsbürgerschaft vehement abgelehnt wird.

Kameraderie durch Ausstoßen von Feinden: Die extreme Rechte setzt auf ein Bedürfnis nach Identifikation und Gemeinschaft. Sie bietet Scheingemeinschaften an, die nicht auf inhaltlicher Übereinstimmung fußen, sondern sich durch Feindseligkeiten gegen Fremde oder sozial Schwache konstituieren; man braucht einen Feind, der zum Paria gestempelt wird. Diese Position wird aufgenommen durch eine Politik des Ausgrenzens von Fremden und eine Praxis des Abschiebens, bei der Folter oder Tod in Kauf genommen werden.

Rechtfertigung sozialer Ungleichheit: Die extreme Rechte legitimiert gesellschaftliche Ungleichheit als Ergebnis von Auslese, eines darwinistischen Kampfes des Stärkeren gegen „das Schwache" und spricht von einem „Recht" des Stärkeren. Diese Position wird aufgenommen, wenn soziale Ungleichheit als eine unabänderbare Gegebenheit dargestellt oder gar als verdienter Lohn für „Leistungsträger" bzw. „Leistungsschwache" bezeichnet wird.

Relativieren des NS-Regimes: Ein wichtiges Kennzeichen der extremen Rechten in ihren unterschiedlichen Erscheinungsformen ist der positive Bezug zur NS-Vergangenheit. Die Verbrechen des Nationalsozialismus werden geleugnet, verharmlost oder in ihrer Grausamkeit relativiert; der Widerstand gegen das NS-System wird verunglimpft. Dieser Position wird der Weg zur Anerkennung bereitet, wenn die spezifische Singularität der NS-Verbrechen geleugnet und insbesondere ihre konstitutive Bedeutung für die Demokratie und den Verfassungsstaat des Grundgesetzes unterschlagen wird.

Fixierung auf Feindschaft: Die extreme Rechte definiert Politik verkürzend auf die Unterscheidung zwischen Freund und Feind und die Entschiedenheit, den Feind - notfalls mit Gewalt - zu bekämpfen. Diese Position wird übernommen, sofern die Freund-Feind-Unterscheidung auch auf politische Gegnerschaft bezogen oder wenn durch Feindbilder die Anwendung von Gewalt als Mittel von Politik legitimiert wird. Das Wort „friedenschaffende Maßnahme" markiert eine gefährliche Einbruchstelle in das verfassungsrechtliche Verbot des Angriffskrieges: Es soll auch einen Krieg rechtfertigen, der nicht mehr ausschließlich der Verteidigung dient.

Die Utopie einer störungsfreien Gesellschaft: Alt-Nazis beharren gegenüber der Kriminalitätsentwicklung in der Bundesrepublik auf der Behauptung: „Bei Hitler gab es das nicht!" Dementsprechend hat die extreme Rechte in Sachen Kriminalpolitik nur einen Vorschlag: „Kurzen Prozeß", mit anderen Worten: hartes Durchgreifen. Diese Position wird übernommen, wenn Parteien „Innere Sicherheit" und den Schutz vor Kriminalität versprechen, auf Sanktionen und Repressionen setzen. Doch Strafen wird heillos, wenn es nicht verbunden wird mit Kriminalität hemmender Gesellschaftspolitik.

Für die in der Tendenz gefährliche Übernahme solcher Auffassungen gibt es zwei Gründe: Die einen meinen, den extremen Rechten damit den Wind aus den Segeln zu nehmen; sie betrachten sich als gefestigte Demokraten und halten es deshalb für gerechtfertigt, die „Mitte nach rechts zu verschieben". Die anderen sind in ihrem Denken der Tradition eines autoritären Machtstaates verhaftet und haben die Westbindung der Bundesrepublik nicht mit der demokratischen Verfassungsstruktur des Westens verbunden. Sie sehen nach der Neuvereinigung Deutschlands erneut die Chance zu einer Rückkehr zu autoritärer Staatsmacht im demokratischen Gewande.

Beiden Positionen gemeinsam ist, daß sie ein politisches Klima produzieren, das unabhängig von den zugrundeliegenden Motiven geeignet ist, die Brand- und Gewaltanschläge von rechts zu verstärken. Sie schaffen nicht nur *Grauzonen*, in denen die Abgrenzung zur extremen Rechten fließend wird, sondern eine *Sympathie mit Gewalt* und das, was in dem Satz eines Brandstifters zum Ausdruck kommt: „Wir tun doch nur das, was unsere Eltern denken".

Die SPD muß dies deutlich machen und die Union so bedrängen, daß diese gezwungen ist, sich von den zum Rechtsextremismus hin offenen Grauzonen zu distanzieren. Dabei genügt es nicht, persönlichen Kontakten zur extremen Rechten (man denke an Gespräche mit Franz Schönhuber und die Einladung an Jörg Haider) entgegenzutreten, sondern auch inhaltliche Querverbindungen müssen thematisiert werden. Es kommt darauf an, eine unmißverständliche Grenze gegenüber der extremen Rechten und ihren Positionen zu ziehen. Warum (so fragt man sich) sind Sozialdemokraten nicht in der Lage, das aufzugreifen, was der CDU-Bundestagsabgeordnete Friedbert Pflüger in seinem Buch „Deutschland driftet" seinen Parteifreunden vorgehalten hat?

Zum Umgang mit Schlagworten der Union

Die Union bestimmt heute erneut die entscheidenden politischen Begriffe. Die SPD ist nicht in der Lage, Schlagworte - wie sie z.B. Wolfgang Schäuble neuerdings vertritt - in Frage zu stellen. Ich mache das an vier Stichworten deutlich:

Gegenüber dem Schlagwort *„Standort Deutschland"* kommt es darauf an, deutlich zu machen, daß sich hinter „Standortsicherung" kaum mehr verbirgt, als die aus dem vorigen Jahrhundert stammende Praxis, in einer ökonomischen Krise soziale Errungenschaften aufzuheben. Der aus der Sprache des Militärs stammende Begriff „Standort" verdrängt dabei die Tatsache, daß die Produktivität der Bundesrepublik in der internationalen Konkurrenz nur bedingt vom Lohnniveau abhängt, sondern vielmehr von der Kooperations- und Innovationsfähigkeit ihrer Belegschaften.

Gegenüber dem Schlagwort „*Modernisierung*" ist zu fragen: Modernisierung durch wen und für welche Interessen? Eine autoritär verordnete Modernisierung folgt nur der Kapital-Logik und bedeutet für einen Teil der ArbeitnehmerInnen oft ihre Entlassung oder verstärkte Arbeitsanforderungen. Produktivitätssteigernde Modernisierung dagegen nutzt die Fähigkeit der Belegschaft, beseitigt Hierarchiestufen und setzt auf Flexibilisierung und mehr Kooperation. Kooperation war in der SPD vor Jahren noch als ein wichtiges Ziel von Mitbestimmung angestrebt worden. Heute fehlt in der SPD jeder vergleichbare Ansatz, während die Unternehmerseite von Japan die Praxis von „Arbeits-Gruppen" übernommen hat und damit zeigt, wie wichtig der Abbau von Hierarchie ist, um vorhandene Potentiale zu nutzen.

Das Schlagwort „*Innere Sicherheit*" verspricht etwas, was niemand verbürgen kann, aber doch viele Menschen erhoffen. Ein Staatswesen, das „öffentliche" Sicherheit zu gewährleisten vermag, hätte schon viel erreicht. Die Union setzt im Rahmen ihrer Kampagne für „Innere Sicherheit" vor allem auf neue Sicherheit für „Deutsche" und auf den Ausbau der sogenannten Sicherheitsapparate des Bundes: Bundeskriminalamt, Bundesnachrichtendienst und Verfassungsschutz. Gegenüber dieser Position gilt es deutlich zu machen, daß diese im Kalten Krieg und der Auseinandersetzung mit dem Terrorismus überdimensional ausgebauten Behörden nicht in der Lage sind, Massenkriminalität einzudämmen. Das setzt vielmehr Gesellschaftspolitik voraus, verbunden mit einer Polizeireform, wie sie z.B. in Niedersachsen eingeleitet wurde.

Eine „*Verwaltungsreform*" ist in Deutschland vermutlich unerläßlich. Doch wenn sie auf teure Privatisierung und auf Stelleneinsparungen beschränkt bleibt und nicht auch in die Struktur der Kompetenzverteilungen in der Verwaltung eingreift, wird sie leer laufen. Es kommt darauf an, den öffentlichen Dienst so zu ver-ändern, daß nicht immer wieder neue Besitzstände von Beamten entstehen, die später - wie jetzt bei der Post - abgefunden werden müssen. Alle über eine bestimmte Gehaltsstufe hinausgehenden Vergütungen sollten in Zukunft jeweils nur für besondere zusätzlich erbrachte Leistungen gewährt, danach jedoch wieder hinfällig werden.

Zum Potential einer BürgerInnenpolitik

Die gesellschaftliche Situation ist wie nie zuvor durch die harte Konkurrenz auf dem Weltmarkt bestimmt. Solange Strategien und Ansatzpunkte fehlen, um auf übernationaler Ebene in Kapitalgesetze einzugreifen, setzt diese Konkurrenz der sozialen Abfederung und ökologischen Einbindung kapitalistischer Produktion eine Grenze. Eingriffe müssen so erfolgen, daß die Produktivität in Deutschland nicht gefährdet wird. Aus diesem Grund ist es besonders wichtig, daß Reformen dazu beitragen, Phantasie und Kreativität zu entfalten.

In den letzten drei Jahrzehnten hat sich in der Bundesrepublik (alt) ein demokratisches Verhalten von Bürgerinnen und Bürgern durchgesetzt, das es früher nicht gegeben hat. Zum Herbst 1989 wäre es nicht gekommen, wenn nicht in der DDR vergleichbare Ansätze entstanden wären. Es ist nicht zufällig, daß alle Ansätze, diese Erfahrungen im Grundgesetz festzuschreiben, durch die Union blockiert wurden.

Die SPD-Spitze ist im letzten Jahrzehnt mehr oder weniger davon ausgegangen, daß es ihre Aufgabe sei, die Wählerinnen und Wähler für die von Wahlforschern, Marketingfirmen und Spitzenpolitikern erfundenen Parolen zu „mobilisieren". Bisher wurde nicht in Frage gestellt, ob dieses Modell des „Mobilisierens" in der Form der autoritären oder administrativen Setzung für eine potentiell auf Reformen drängende Wählerschaft angemessen ist. Mußte nicht beispielsweise die im Europa-Wahlkampf plakatierte populistische Parole „Sicherheit statt Angst" einen Teil der Stammwählerschaft verschrecken, ohne neue Wählerinnen und Wähler zu gewinnen?

Die Milieu-Forschung ist in meinen Augen zuverlässiger als die „gewichteten" Ergebnisse der Meinungsumfragen. Ergebnisse dieser Studien (Michael Vester, Peter von Oertzen u.a.) zeigen, daß es in Deutschland mehr Reformbereitschaft gibt, als die Sozialdemokratie ihren potentiellen Wählern gegenwärtig zumutet. Gerade gegenüber dem populistischen Stil von Machtpolitik kommt es für viele, häufig auch meinungsbildende Mitglieder und Anhänger der SPD entscheidend auf einen anderen Stil an. Man wehrt sich gegen Bevormundung, vertraut weniger den „zugkräftigen" Parolen oder einer populistischen Wähler-Mobilisierung, sondern achtet darauf, daß Politik die Chancen des eigenen Engagements nicht hindert, sondern verbessert. Gewiss, (das hat die Landtagswahl 1994 in Niedersachsen gezeigt) man erwartet auch von der politischen Führung Kompetenz und Autorität; aber man will in bestimmten Bereichen nach Möglichkeit selbst soziale und ökologische Interessen und BürgerInnenbeteiligung durchsetzen. Es gibt heute in der Bundesrepublik viele, die in den letzten Jahrzehnten gelernt haben, wie wichtig Zusammenarbeit und das Reden darüber ist. Wer in der Lage ist, diese Kräfte zu gewinnen, hat in der gegenwärtigen politisch-gesellschaftlichen Auseinandersetzung die größeren Chancen.

Eine Partei, die das tun will, muß deshalb (erstens) *Mitwirkungsrechte im Sinne demokratischer Teilhabe* ausbauen und sichern. Dazu gehört gegenwärtig vor allem die Realisierung des Volksentscheids auch auf Bundesebene. Dabei darf nicht vergessen werden: Das Eintreten für demokratische Strukturen, der Kampf um Freiheitsrechte, um Teilhabe und Mitwirkung kann nur die eine Seite des Menschen erfassen. Diese Bürgerrechte sichern nur Möglichkeiten. Sie setzen BürgerInnen als Eigenwesen voraus, die gewillt sind und es vermögen (meist nur gemeinsam mit anderen), Staat und Gesellschaft zu gestalten. Ohne Bürgerinnen und Bürger als „Eigenwesen", die ihr wirkliches Leben frei gestalten wollen und können, laufen die Bürgerrechte leer. Umgekehrt setzen Aktivitäten der Bürgerinnen und Bürger als „Gemeinwesen" (Citoyen) voraus, daß das politische Mitwirken auch die eigenen Lebensinteressen berührt. In der kooperativen Teilhabe (auch der Geschlechter untereinander) kann die Entzweiung des Menschen in „Eigenwesen" und „Gemeinwesen" überbrückt werden. In dem Maß jedoch, in dem Mitwirkungsrechte zum Selbstzweck werden und für die konkrete Gestaltung nicht mehr von Bedeutung sind, setzt das ein, was man gegenwärtig Parteienverdrossenheit nennt. Diese Verdrossenheit ist ein Anzeichen dafür, daß Mitwirkungsrechte autoritär für Herrschaftszwecke instrumentalisiert wurden. Das überhöhte „Nationale" ist meist nicht mehr als der Versuch, über dieses Defizit hinweg zu kommen.

Eine Reformpartei, die Wähler gewinnen will, darf (zweitens) nicht davon abgehen, *soziale Gerechtigkeit* ins Zentrum ihrer Argumentation zu stellen. Daß heißt zugleich, die SPD darf sich nicht ausschließlich an den Gesetzen der Leistungsgesellschaft orientieren. Sie kann durch ihr Tun (nicht durch Parolen) deutlich machen, daß sie die *Partei der Lohn- und Gehaltsabhängigen* ist und daß sie darüber hinaus die verdrängte oder unterschlagene Wirklichkeit der Verlierer der „Zweidrittelgesellschaft" zur Sprache bringt. Aber viele dieser ArbeitnehmerInnen, „Junge" und „Alte" sowie die (in der Regel ohne eigenes Verschulden) *„Aus-der-Bahn-Geworfenen"* fühlen ihre Interessen nicht mehr durch die SPD vertreten. Es ist beschämend, wenn einige Sozialdemokraten Bereiche des Sozialen primär unter dem Aspekt der schrumpfenden Haushaltsmittel sehen. Wo finden wir beispielsweise Initiativen für eine bessere Jugendpflege (nicht nur) in den ostdeutschen Ländern oder ein Konzept für eine ausreichende Ausbildung von Psychoanalytikern und Therapeuten (die zur psychisch-sozialen Hilfe in Grenzsituationen und bestimmten Fällen einer Belastung unerläßlich sind)?

Eine Reformpartei muß (drittens) *ökologische Forderungen* mit ökonomischen Erfordernissen verbinden. Das hat die SPD in ihrem Programm vor vier Jahren getan, doch es ist angesichts der Neuvereinigung Deutschlands nicht zum Zuge gekommen. Heute wagt die Parteispitze (aus Angst, sie könnte potentielle Wähler verschrecken) nicht mehr, die Forderungen von gestern in die Auseinandersetzung einzubringen. Ökologische Reformorientierung finden wir beispielsweise selbst in der chemischen Industrie - wenn dafür Sorge getragen ist, daß der eigene Arbeitsplatz nicht gefährdet wird.

Die genannten Beispiele zeigen, die SPD braucht nicht mehr Geschlossenheit und mehr Disziplin. Oppositionsparteien müssen das zur Sprache bringen, was in ihren Reihen und in ihrem Umfeld entwickelt worden ist. Wenn das geschieht, werden die sonst überforderten Spitzenpolitiker zugleich entlastet. Es ist erschreckend, daß die Union heute mehr um Hilfe der BürgerInnen wirbt als die SPD.

Solche Alternativen zu vertreten, bleibt immer ein Wagnis. Keine Oppositionspartei kommt zum Ziel, wenn sie nicht wagt. Wenn die SPD-Spitze ihr Verhalten nicht ändert, wird die SPD das erfahren, was auch für Kommunisten im Ostblock oder Christdemokraten in Italien undenkbar schien: Selbst große, traditionsreiche Parteien können sterben.

Thomas Westphal

Jugend und Reformprojekt

„Wer immer nur die Gedanken des Bisherigen denkt, der ist alt. Wer aber das Neue will, die neue Gesellschaft, und auf sie schon heute sein ganzes Denken und Fühlen richtet, der ist jung, auch wenn er schon graue Haare hat." (Max Adler)

Mit glänzenden Augen und voller Wehmut schauten im Frühjahr des Jahres 1994 bundesdeutsche Linke und APO-Veteranen nach Frankreich. Dort standen Jugendliche zu Hunderttausenden auf der Straße um das „Niedriglohngesetz" des Ministerpräsidenten Balladure gemeinsam zu verhindern. Die Jugendlichen aus dem sozialen Brennpunkt Marseille verbündeten sich mit den gut ausgebildeten Jugendlichen aus Paris gegen ein politisches Krisenmanagement auf ihre Kosten. Auch Gewaltszenen auf Demonstrationen und „unmoralische Angebote" der Regierung an Teile der Jugendlichen können die Bewegung in Frankreich nicht spalten. Die Kommentare der nationalen und internationalen Presse waren voll der Bewunderung für die Jugendbewegung. Von einer Renaissance der Gemeinschaftlichkeit war die Rede. Andere erspähten eine gesellschaftliche Abkehr von der Logik der Reaganomics und die Rückkehr zu solidarischen, gemeinschaftlichen Lösungen. Ein Hauch von '68 wehte durch Frankreich. Aber eben nur ein Hauch! Eine übergreifende und anhaltende Bewegung für soziale Veränderungen oder gar für eine andere Gesellschaftslogik, haben auch die „Frühjahrsproteste" der französischen Jugendlichen nicht erschaffen. Der Erfolg der Bewegung besteht zum einen sicherlich in der Abwehr des Gesetzes selbst, zum anderen im Zustandekommen der „sozialen Koalition" zwischen integrierten und ausgeschlossenen Jugendlichen, die die konservativen Konkurrenzgesetze zeitweise aussetzte.

Hierin liegt der zentrale Unterschied zum bundesdeutschen Jugendprotest. Trotz Großdemonstrationen, regionalen Aktionen und Protestveranstaltungen ist es in Deutschland nicht zu einer sozialen Koalition zwischen SchülerInnen, Auszubildenden, Studierenden und jungen Fachkräften gekommen. Für einige hat der bundesweite Jugendprotest durch Phänomene wie Rechtsextremismus, Rassismus und Gewalt sogar „seine Unschuld verloren" (vgl. Dörre 1994, S. 14). Die Ursache für diese zersplitterte Protestlandschaft, so lautet die nachfolgend zu begründende These, ist in dem sozialökonomisch deformierten Individualisierungsprozeß zu suchen!

Generation X - jedeR stirbt für sich allein?

Der Tenor der progressiven Debatte um den strukturellen Wandel der Gesellschaft bestand in den 80er Jahren eindeutig in der optimistischen Interpretation der Individualisierung. Auch Teile der sozialdemokratischen Linken und der JungsozialistInnen machten diese optimistische Interpretation zum Kernbestand ihrer reformpolitischen Strategie (vgl. Kremer/Möbbeck 1987).

Die „optimistische Interpretation des sozialen Wandels" bestand bei ihnen in der Betonung der progressiven Potentiale, die im Prozeß der „Befreiung aus ständischen Sozialmilieus" entdeckt wurden. Steigende Möglichkeiten der persönlichen Berufs- und Lebensplanung, steigende Freiheiten in der Gestaltung und Durchsetzung persönlicher Lebenskonzepte und -stile, steigende Qualifikationen in der Bildungsphase und entsprechend steigende Ansprüche an den späteren Erwerbsarbeitsprozeß wurden als Errungenschaften des „sozialen Wandels mit dem Namen Individualisierung" herausgestellt. Der gemeinsame Kampf einer neu entstehenden Jugendbewegung sollte sich um die Sicherung bzw. Durchsetzung dieser gestiegenen individuellen sozialkulturellen Entfaltungsmöglichkeiten drehen. Mittlerweile kann festgehalten werden: Eine neue Jugendbewegung in der gewünschten Form hat es nie gegeben. Mit der deutschen Vereinigung ist schließlich auch der positive Individualisierungs-Diskurs in die Defensive geraten und fast von der politischen Bildfläche verschwunden.

Mittlerweile führen die Apologeten eines „negativen Individualisierungs-Diskurses" das dominante Wort bei der Interpretation des sozialen Wandels. Der Kern dieses Diskurses, der viele Formen und Facetten kennt, besteht in der Annahme, daß der tendenzielle Zerfall der sozialen Milieus und traditionellen Bindungen zu einer vollständigen Zerstörung des Gemeinsamkeitsbewußtseins führt. Mit der Zerstörung dieses Bewußtseins steigen auch die Desintegrationsprozesse des Parteiensystems, so die politischen Akteure dieses Diskurses. Die Anhängerschaft dieses „negativen Individualisierungs-Diskurses" reicht von kritischen Sozialwissenschaftlern (vgl. Leif 1992) über die Enkel-Generation der SPD bis hin zum „National-Spieler" Schäuble (vgl. Schäuble 1994). Politisch führt der Diskurs des zerstörten Gemeinsamkeitsbewußtseins zu einer mehr oder minder subjektlosen politischen Strategie der SPD und zu einer neu-nationalen Strategie der CDU (vgl. Schäuble 1994, S. 50).

Auch wenn sich die Diagnose von den vagabundierenden Individuen mit mancher realen Erfahrung, die heute in politischen Jugendverbänden, in Schülervertretungen und in der gewerkschaftlichen Jugendarbeit gemacht wird, deckt, ist diese Diagnose falsch! Die anhaltende, stabile Tendenz der Abkehr Jugendlicher vom offiziellen Politikbetrieb spricht doch nicht gegen, sondern für ein ausgeprägtes Gemeinsamkeitsbewußtsein. Die anhaltenden sozialen und politischen Proteste - bis zum Frauenstreiktag - signalisieren ebenfalls kollektive Handlungsbereitschaft. Die hohe Streikbereitschaft junger Gewerkschaftsmitglieder im Osten wie im Westen der Republik spricht ebenfalls eine deutliche Sprache.

Auch die jüngste wissenschaftliche Untersuchung „Soziale Milieus im gesellschaftlichen Strukturwandel" der Hannoveraner Forschungsgruppe um Peter von Oertzen läßt nur einen politischen Schluß zu: Nicht die überschäumende Individualisierung führt zur vollständigen Zerstörung von Gemeinsamkeit und Kollektivität, sondern gerade umgekehrt, die selektive, deformierte Entwicklung gesellschaftlicher Individualität führt zur Zersplitterung der sozialen Ordnung. Nicht zuviel Selbstverwirklichung und individuelle Freiheit, sondern zuwenig und ungleich verteilte persönliche Möglichkeiten der Arbeits- und Lebensplanung haben zur verstärkten Ausdifferenzierung sozialer Lebenslagen geführt.

D.h., die progressiven Potentiale haben sich in der sozialen Realität nicht gleichmäßig, sondern höchst ungleichzeitig entwickelt. Die krisenhafte technische und arbeitsorganisatorische Erneuerung der kapitalistischen Massenproduktion, das stagnierende Bildungsangebot, die abermals sinkenden beruflichen Ausbildungsplätze in „Zukunftsindustrien" und die Verschärfung sozialer Ungleichheit durch staatliche „Abräumprogramme" und fehlende Gesamtregulierung haben dazu geführt, daß Chancenerweiterungen für bestimmte Gruppen nur auf Kosten der Ausgrenzung anderer Gruppen möglich wurden.

Diese sozialökonomische Entwicklung hat nicht zum gemeinsamen Kampf für steigende Entfaltungsmöglichkeiten einer Generation geführt, sondern eine „Fraktionierung der Gesellschaft der Altersgleichen" (vgl. Zinnecker) erbracht. Dörre u.a. stellen dementsprechend fest, daß Individualisierung als Optionenvielfalt und Ausweitung individueller Freiheiten eher eine Erfahrung junger Banker und Versicherungsangestellter als die von Jugendlichen aus dem Einzelhandel sein dürfte. Ähnliches läßt sich sicher auch zum Verhältnis zwischen jungen Ingenieuren und Mechanikern sagen und in der zerklüfteten Landschaft der Studierenden herausarbeiten!

Jugend und ArbeitnehmerInnen-Orientierung

Die „soziale Fraktionierung" der nachwachsenden Generation entsteht jedoch nicht allein durch den Widerspruch zwischen der gesellschaftlichen GewinnerInnen- und der VerliererInnenposition. Vielfach ist auch die persönliche Verarbeitung dieser objektiven sozialen Position entscheidend.

Zu einem in diesem Zusammenhang interessanten politischen Ergebnis kommt die Untersuchung „Soziale Milieus im gesellschaftlichen Strukturwandel". Ihr erstes Ergebnis lautet: Die progressivsten politischen Einstellungstypen, die sogenannten radikaldemokratischen und sozialintegrativen Politikstile, sind in der jüngeren Generation am stärksten vertreten. Dies bestätigt die Annahme, daß gesellschaftskritische Protestpotentiale in der nachwachsenden Generation nach wie vor ausgeprägt sind. Die Projektgruppe um Peter von Oertzen verweist jedoch noch auf einen zweiten für uns interessanten Zusammenhang. Die Gemeinsamkeit zwischen einer radikaldemokratischen und einer sozialintegrativen Politikeinstellung läge in der ausgeprägten ArbeitnehmerInnen-Orientierung. Darunter versteht die Hannoveraner Forschungsgruppe eine gesellschaftlich-politische Grundhaltung, die davon ausgeht, daß die ArbeitnehmerInnen sich gegenüber Unternehmern in einer „gesellschaftlich unterlegenen Position befinden und diesen Umstand durch gewerkschaftliche und politische Aktivitäten verändert sehen möchten."

Die These von der „ArbeitnehmerInnen-Orientierung" besitzt gewiss eine hohe politische Brisanz. Das darin ausgedrückte soziale Verständnis von unserer Gesellschaft verdeutlicht, daß der Interessengegensatz zwischen Kapital und Arbeit nicht aus den Köpfen der Menschen verschwunden ist. Die soziale Scherenbewegung in der Entwicklung der Jugendgeneration hat offenbar dennoch eine gemeinsame gesellschaftliche Unterlegenheitsposition aufrecht erhalten. Wie aber wird diese Unterlegenheitsposition verarbeitet?

Aus dem gemeinsamen gesellschaftlichen Unterlegenheitsbewußtsein entsteht kein Automatismus für gemeinsame Aktionen. Im Gegenteil, die angesprochene Fraktionierung findet ihre Fortsetzung in der politischen Verarbeitung dieses kollektiven Bewußtseins.

Die jüngste Jugendstudie des Soziologischen Forschungsinstituts (SOFI) veranschaulicht diese Auseinanderentwicklung eindringlich. In der Lesart der SOFI-Studie zerfällt die gemeinsame ArbeitnehmerInnen-Orientierung in gespaltene Berufswelten. Die beruflichen und betrieblichen Erfahrungsspielräume liefern nicht nur das Rohmaterial für ein Unterlegenheitsbewußtsein, sondern auch den Stoff für gegensätzliche Deutungsmuster. Stark verkürzt sollen hier zwei gegensätzliche Deutungsmuster der jungen Arbeitnehmerschaft skizziert werden.

1) Das sozialpatriotische Deutungsmuster

Die sozialpatriotische Deutungsform hat die gesellschaftliche Unterlegenheitsposition verinnerlicht. Diese Jugendlichen beklagen ein geringes Prestige ihrer Berufsgruppe, ihrer Wohnsituation usw. Doch die offensichtliche Kluft zwischen der sozialen Realität und den eigenen Ansprüchen wird nicht durch den Widerspruch zwischen Kapital und Arbeit erklärt. Stattdessen werden die eigenen Interessen mit den ökonomischen Interessen der eigenen Nation identifiziert. Die Wohlstandsinsel, zu der man trotz geringem Eigenwertgefühl gehört, muß gegen andere verteidigt werden. Der soziale Verteilungskampf wird zu einer Auseinandersetzung „WIR" gegen „DIE". Das Gegensatzpaar Unternehmer - Arbeiter als Basis der ArbeitnehmerInnen-Orientierung wird zu einem ethnischen Verständnis der Verteilungskämpfe verschoben (vgl. Dörre 1994, S. 56). Das gesellschaftliche Unterlegenheitsbewußtsein wird demnach durch das sozialpatriotische Deutungsmuster in der „Wohlstandsinsel Deutschland" aufgehoben.

2) *Das betriebsloyale Deutungsmuster*

Das betriebsloyale Deutungsmuster verneint eine übergreifende gesellschaftliche Unterlegenheitsposition. Diese Jugendlichen beklagen eher fehlende Möglichkeiten zur Umsetzung ihrer Fähigkeiten und Neigungen in ihrer spezifischen Berufssituation. Ihr Unterlegenheitsbewußtsein ergibt sich aus strukturell begrenzten Aufstiegs- und Weiterbildungsmöglichkeiten. Diese strukturellen Probleme resultieren für sie allerdings aus der spezifischen betriebswirtschaftlichen Lage „ihres" Unternehmens und ist für sie nicht beeinflußbar. Ihre sozialen Interessen werden mit den betriebswirtschaftlichen Interessen des Unternehmens identifiziert. Bei diesen Jugendlichen besteht eine starke Präferenz für individuelle Konfliktlösungen und für kollektive, aber betriebsbezogene Interessenvertretung (vgl Dörre 1994, S. 132). Das gesellschaftliche Unterlegenheitsbewußtsein wird demnach durch das betriebsloyale Deutungsmuster auf die betriebliche Insellage reduziert.

Diese exemplarisch skizzierten Denkströmungen verhindern eine übergreifende „LohnarbeiterInnensolidarität". Die sozialpatriotische Aufhebung und die betriebsloyale Reduzierung der ArbeitnehmerInnen-Orientierung führt nicht nur zur Abschottung zwischen diesen Strömungen. Auch innerhalb der jeweiligen Gruppen nimmt die Konkurrenz um die Teilhabe an einem Stück Wohlstandsinsel bzw. um die wenigen Aufstiegs- und Weiterbildungschancen zu.

Die selektive Chancenerweiterung der deformierten Individualisierung führt also auch zu einer zersplitterten politischen Verarbeitung durchaus vorhandener gemeinsamer Krisenerfahrungen.

Chancen sinken - Ansprüche bleiben

Trotz der zersplitterten antiprogressiven Verarbeitung der ArbeitnehmerInnen-Orientierung lohnt es sich, die jeweilige Quelle für das vorhandene Unterlegenheitsbewußtsein genauer zu betrachten. Bei beiden ansonsten gegensätzlichen Deutungsmustern ist die Kluft zwischen eigenen Ansprüchen und den realen Tätigkeiten die Antriebsfeder für Kritik und Unterlegenheitsgefühle. Die eigenen Fähigkeiten, Kenntnisse und Qualifikationen sind für alle Jugendlichen eine wichtige Basis für soziale Selbstdefinition (vgl. Dörre 1994, S. 250).

Mit anderen Worten: auch wenn die sozialen Fundamente der eigenständigen Jugendphase, wie verlängerte Ausbildung, größere berufliche Möglichkeiten und relative materielle Sicherheit von den Konservativen angegriffen werden, werden die zuvor entwickelten Ansprüche nicht automatisch reduziert. Die angesprochene Fallstudie des SOFI bestätigt diese Anspruchshaltung auch im Jahre 1994 noch. Junge Handelsangestellte in einem Warenhaus der untersten Preisklasse werden ständig auf Kosten ihrer Ausbildungsqualität als Puffer für betriebliche Engpässe mißbraucht. Das soziale Prestige jener Berufsgruppe ist entsprechend niedrig. Dennoch beharren jene Jugendlichen auf einer qualifizierten Berufsausbildung und geben unabgegoltene Ansprüche nicht umstandslos auf. Jene Anspruchshaltung, die öffentlich gern den sogenannten Eliten bzw. den erfolgsverwöhnten Yuppies zugedacht wird, ist die eigentliche Errungenschaft des Individualisierungsprozesses. Zwölf Jahre konservative Bundesregierung konnten zwar mittlerweile empfindliche Trefferwirkungen im Jugendleben erzielen, wirklich zerstört wurde die Anspruchshaltung der Jugendlichen allerdings nicht.

Der Anspruch auf Selbstqualifizierung und individuelle Leistung ist also trotz ungleicher Chancenerweiterung und selektiver individueller Freiheiten gesellschaftlich verallgemeinert worden. Allerdings sind die Strategien und Vorgehensweisen bei Blockaden dieser Selbstqualifizierung und -entfaltung erheblich auseinandergefallen. Der Kampf um Wertschätzung und Anerkennung der eigenen Leistung (vgl. Honneth 1993) ist zwar eine gemeinsame Erfahrung junger ArbeitnehmerInnen, aber die Formen dieses Kampfes werden der jeweiligen Kampfsituation, der beruflichen Stellung und dem beruflichen Umfeld angepaßt. So entstehen in der Realität separierte Kampfwelten, die eine „soziale Koalition" nicht zulassen.

Bisher ist es vor allem den rechtspopulistischen Kräften gelungen, an das sozialpatriotische Deutungsmuster betrieblicher Konflikte anzuknüpfen und Jugendliche zur Wahl ihrer Parteien und zur Unterstützung ihrer politischen Ziele zu bewegen.

Dennoch scheinen die Formen und Deutungsmuster im Kampf um Wertschätzung nicht monolithisch und unverrückbar zu sein. Es wird zur entscheidenden Aufgabe für ein linkes Reformprojekt, Jugendlichen nicht nur eine abstrakt systemische Erklärung ihrer sozialen Unterlegenheit zu liefern, sondern neue Kampfformen jenseits der Wohlstandsinsel und jenseits des Co-Managements anzubieten. Dafür ist es sicherlich unerläßlich, daß gewerkschaftliche Interessenvertretung näher an den betrieblichen Alltag Jugendlicher heranrückt (vgl. Dörre 1994, S. 259).

Aber auch die sozialdemokratische Linke und vor allem die JungsozialistInnen müssen sich für den „Kampf um Wertschätzung" öffnen. Dafür erhält die Erwerbsarbeit einen zentralen Stellenwert. Allerdings muß sich eine ökonomische Strategie nicht allein um den Zusammenhang von Löhnen, Preisen, Profiten und Zinsen drehen. Jugendliche lassen sich nicht für ein abstraktes „Vollbeschäftigungsziel" mobilisieren, weil sie sich mit ihrer Arbeit identifizieren. Aber für ein politisches Programm der entwickelten Industriedemokratie, mit dem die ökonomischen, die ökologischen und kulturellen Ziele und Notwendigkeiten von Produktion und Arbeit zum Gegenstand des Betriebsalltags gemacht werden, wäre ein möglicher Weg, den Kampf um Wertschätzung in einer „sozialen Koalition" zu führen.

Kampf um Anerkennung und demokratische Wirtschaftsreform

Die ausgeprägte ArbeitnehmerInnen-Orientierung und der Wunsch nach Anerkennung und Wertschätzung der eigenen individuellen Leistung, sind Ausdruck eines konkreten Bedürfnisses nach einem neuen Arbeitsverhältnis. Das von Taylor entworfene dominante Bild der klassischen Werktätigen, die als dressierte Gorillas einfache Handgriffe beherrschen und sich auch in ihrem Privatleben nach den Normen des beruflichen Zwangsverhältnisses verhalten, ist in der Jugendgeneration längst zerstört. Es läßt sich auch nicht in heftigen Krisenzeiten ohne weiteres reaktivieren. Hinzu kommt, daß qualifizierte, flexible, planende und ausführende Tätigkeiten auch ökonomisch immer mehr zur Schlüsselfrage der Produktivitätsentwicklung werden (vgl. Brandt 1987). Die produktive Effizienz des modernen Kapitalismus liegt nicht in der Verdrängung menschlicher Arbeitskraft, sondern in der spezifischen Verschränkung von modernen Fertigungstechnologien und lebendiger Arbeitskraft. Diese positiven Potentiale kapitalistischer Entwicklung müssen allerdings gegen eine Strategie der selektiven Modernisierung, in der der gemeinsame Wunsch nach sozialer Wertschätzung zur Verselbständigung von Gruppenegoismen führt, verteidigt werden.

Eine demokratische Wirtschaftsreform, die ein neues Arbeitsverhältnis und eine ökologische Investitionslenkung durch direkte Beteiligung der Beschäftigten durchsetzt, hat deshalb gute Chancen, zum Kristallisationspunkt eines neuen Reformprojektes zu werden. Die subjektiven Bedürfnisse nach einem neuen Arbeitsverhältnis, die gesteigerte Bedeutung lebendiger Arbeitskraft, der notwendige Umbau der Produktionsstruktur zur Verhinderung eines globalen und ökologischen

Entwicklungskollapses und die „industrielle Demokratie" bilden die Kernelemente eines politischen Reformprogramms am Übergang zum 21. Jahrhundert. Ein solches Reformprogramm stützt sich dann nicht mehr allein auf die politisch vermittelte Solidarität unterschiedlicher sozialer Schichten. Nicht der materielle Verzicht einer monetär definierten Mittelschicht zugunsten einer ebenso definierten Unterschicht, sondern die Mobilisierung subjektiver Bedürfnisse und Kompetenzen für eine demokratische Wirtschaftsreform stehen im Zentrum einer neuen Reformpolitik. Bei einer so verstandenen und praktizierten Reformpolitik werden dann auch Jugendliche nicht mehr länger Zuschauer gesellschaftlicher Entwicklung sein.

Literatur:

Brandt, G.: Arbeit, Technik und gesellschaftliche Entwicklung, Frankfurt/M. 1990

Dörre, K.: Politisiert der Interessengegensatz?, in: „Sozialist", November 1993

Dörre, K. und A.: Weder geduldige Lohnarbeiter noch individualistische Yuppies. Junge Dienstleistungsangestellte und Gewerkschaften, Göttingen, 1993

Honneth, A.: Kampf um Anerkennung. Zur moralischen Grammatik sozialer Konflikte, Fankfurt/M. 1993

Kremer, U./Möbbeck, S.: Anspruchsvoll und Offensiv - die jugendpolitische Orientierung, in: „SPW", September 1987

Leif, T.: Zwei Welten - Jugendkultur und Jugendverbände, in: „Blätter für deutsche und internationale Politik", Februar 1992

Von Oertzen, P. u.a.: Soziale Milieus im gesellschaftlichen Strukturwandel. Zwischen Integration und Ausgrenzung, Köln 1993

Edelgard Bulmahn

Technik als politisch-gesellschaftliche Gestaltungsaufgabe

Technologiepolitik ist Gesellschaftspolitik, denn Wissenschaft und Technik - die Zielsetzungen, mit denen sie entwickelt werden und die Art und Weise, in der sie umgesetzt und genutzt werden - entscheiden mehr denn je über die Entfaltungs- und Selbstverwirklichungsmöglichkeiten des einzelnen, über die Qualität von Leben, Arbeiten und Wohnen, über die Wettbewerbsfähigkeit von Unternehmen und Volkswirtschaften, über die Lebenschancen der kommenden Generationen.

Wissenschaft und Technik haben in den vergangenen 200 Jahren in den westlichen Industriestaaten zu einer ungeahnten Entfaltung der Produktivkräfte, zu einem bisher unbekannten Ausmaß an materiellem Wohlstand geführt. Dennoch hat sich die lange auch von der Sozialdemokratie geteilte Hoffnung, derzufolge die wissenschaftlich-technologische Entwicklung gesellschaftlichen Fortschritt garantiere, als trügerisch erwiesen. Wissenschaft und Technik haben ihre Unschuld, ihren Glorienschein verloren. Erstmals in der Menschheitsgeschichte sind wir imstande, mit den von uns selbst geschaffenen Waffenarsenalen menschliches Leben insgesamt auszulöschen. Erstmals sind wir mit gentechnischen Methoden in der Lage, die Natur, den Menschen selbst, zu verändern. Erstmals sind wir dabei, durch die hemmungslose Nutzung unserer technischen Möglichkeiten die Lebensmöglichkeiten auf unserem Planeten insgesamt in Frage zu stellen.

Technik hat eine neue Qualität gewonnen. Sie zeichnet sich durch Universalität, eine breite Einwirkungstiefe in unterschiedlichen Branchen und gesellschaftlich-politischen Lebensbereichen aus. Technologische Entwicklungsprozesse haben sich einerseits hinsichtlich des Zeitraums von der Entwicklung bis zur Anwendung wie auch hinsichtlich ihrer Ausbreitungsgeschwindigkeit enorm beschleunigt, andererseits weisen sie Folgen von zunehmender zeitlicher Dauer auf. Technische Systeme sind in wachsendem Umfang fehlerunfreundlich und störanfällig. Zugleich sind sie infolge ihrer Komplexität, ihren oft irreversiblen Auswirkungen und der Tatsache, daß sich Wirkungen und Folgen in vermehrtem Umfang nicht mehr direkt wahrnehmen lassen, immer schwerer zu kontrollieren und zu beherrschen.

Technik wird von Menschen gemacht. Sie ist ein Produkt der gesellschaftlichen Entwicklung und als solche interessengeleitet und interessengebunden. Entscheidungen über Technikentwicklung und -anwendung sind immer auch Wertentscheidungen, Entscheidungen darüber,
- wie wir künftig leben und arbeiten wollen;
- ob wir die gesellschaftliche Emanzipation vorantreiben wollen;
- ob wir Menschen von entfremdeter Arbeit befreien wollen;
- ob wir die drängende Umweltproblematik in Angriff nehmen wollen;
- ob wir die Wahrnehmung der Grundrechte gewährleisten und fördern wollen;
- ob wir die Technikentwicklung allein den Marktkräften überlassen wollen.

Die Gestaltung der wissenschaftlich-technischen Entwicklung ist ein Dreh- und Angelpunkt der politischen Diskussion gesellschaftlicher Zukunftsentwürfe. Die Steuerung allein durch den Markt, das Prinzip von „trial and error", können wir uns nicht länger leisten. Wir müssen vielmehr die gesellschaftliche Kontrolle über die technische Entwicklung zurückgewinnen, damit aus technischem Wandel endlich sozialer Fortschritt wird.

Die Forschungs- und Technologiepolitik muß in diesem Zusammenhang eine vorausschauende Such- und Leitfunktion wahrnehmen. Sie muß Wege und Möglichkeiten aufzeigen, mit Hilfe derer die Vision einer sozialen und ökologischen Industriegesellschaft Gestalt annehmen kann. Sie hat die sozialen, wirtschaftlichen und politischen Bedingungen für einen sozial und ökologisch orientierten Wandel in Wirtschaft, Staat und Kultur, für ein neues Weltentwicklungsmodell zu erforschen. Sie hat die technischen Möglichkeiten einer neuen ressourcenschonenden Produktionsweise zu erkunden und zu erproben. Sie hat neue Wege aufzuzeigen, um Altlasten aufzuarbeiten, Landschaft naturgerecht zu entwickeln. Sie hat Möglichkeiten eines humanen Verkehrswesens, Formen energie- und umweltgerechten Bauens und Strategien für den Umbau der Energieversorgung und für eine humanere Gestaltung der Arbeitsbedingungen zu entwickeln.

Was wir brauchen, ist eine grundlegende Abkehr von der gegenwärtig herrschenden permissiven Technikpolitik, die die technische Entwicklung nach Art und Richtung frei gewähren läßt und nur dafür sorgt, daß möglichst viel und möglichst schnell entwickelt wird. Statt nachträglich das eine oder andere zu reglementieren, zu verhindern oder wieder zu reparieren, muß Forschungspolitik dazu beitragen, daß unerwünschte Nebenwirkungen gar nicht erst entstehen.

Eine dem sozialen und ökologischen Fortschritt verpflichtete Forschungs- und Technologiepolitik ergibt sich nicht schon daraus, daß die Mittel für die Umwelt- oder Gesundheitsforschung massiv erhöht und entsprechende Programmschwerpunkte hinzugefügt werden. Die Förderung neuer Technologien und die Forschungsförderprogramme selbst müssen sozialen und ökologischen Zielen und Gestaltungskriterien unterworfen werden. Grundsätzlich können nur solche Technologien verantwortet und gefördert werden, deren Auswirkungen kontrollierbar und revidierbar sind, die weder die verfassungsrechtlich garantierten Grundrechte einschränken, noch das Recht anderer Nationen und künftiger Generationen beschneiden, über ihre Lebensmöglichkeiten und Entwicklungsalternativen selbst zu entscheiden.

Sozial- und umweltverträgliche Technikgestaltung zielt auf Schadensvermeidung und -vorbeugung, auf die Begrenzung der sozialen und ökologischen Kosten des Wirtschaftens. Sie ist keine Strategie der Technikvermeidung oder der Technikverhinderung. Sie ist vielmehr auf die Steigerung des sozialen und ökologischen Nutzens von Technik ausgerichtet, auf die weitgehende Ausschöpfung der Chancenpotentiale von Technologien.

Eine humanverträgliche Technikgestaltung muß sich an den Grundwerten unserer Verfassung orientieren. Sie muß die Würde des Menschen achten und ihren Beitrag zur gesellschaftlichen Emanzipation leisten, denn die Selbstbestimmung ist das erklärte Ziel jeder demokratischen Gesellschaft. In diesem Sinne muß Technologie dazu beitragen, den Freiheits- und Gestaltungsspielraum des einzelnen zu erweitern.

Im Bereich der Arbeitswelt muß eine sozialverträgliche Technikgestaltung größere Handlungs- und Entscheidungsspielräume der Beschäftigten ermöglichen. Sie muß ihren Beitrag zur Überwindung der tayloristischen Zerlegung der Arbeit leisten und Möglichkeiten der ganzheitlichen, qualifikationsorientierten Arbeitsgestaltung erschließen. Sie muß die Technik nutzen für die Entwicklung gesundheitsfördernder Arbeitsmittel und Verfahren, die schadstoffarm, ergonomisch gestaltet und kommunikationsförderlich sind. Technologische Entwicklung darf nicht zur Abschaffung von Arbeit überhaupt führen. Vielmehr ist die technische Entwicklung in den Dienst eines hohen Beschäftigungsstandes zu stellen.

Einen dauerhaften Fortschritt auf Kosten unserer natürlichen Umwelt kann es nicht geben. Zentrales Ziel muß deshalb die Konversion der Industriegesellschaft sein, die Entwicklung einer ökologischen Kreislaufwirtschaft. Wir müssen schlechthin die sozio-technische Entwicklung in eine Bahn lenken, die mit den ökologischen Erfordernissen in Einklang zu bringen ist.

Ein weiteres maßgebliches Kriterium einer sozialverträglichen Technikgestaltung muß schließlich die Völkerverträglichkeit sein. Technik ist auf zivile Verwendungszwecke auszurichten. Statt die Erforschung und Entwicklung neuer Vernichtungspotentiale voranzutreiben, muß Technik einen Beitrag zur strukturellen Nichtangriffsfähigkeit leisten. Im Sinne der Völkerverträglichkeit sollte sie zur eigenständigen Entwicklung in den Staaten der Dritten Welt und damit zur Beilegung internationaler Verteilungskämpfe und zum Abbau von Spannungen beitragen.

Die mit dem Konzept einer sozial- und umweltverträglichen Technikgestaltung und Technologiepolitik verbundenen Werte und Ziele lassen sich nicht objektiv, allgemeingültig und wissenschaftlich abgesichert bestimmen. Entscheidungen über Technikentwicklung und -einsatz, über die Förderung oder auch Nichtförderung einzelner Wissenschaften und Technologien sind vielmehr grundsätzlich interessen- und wertgebunden. Wissenschaft und Technik müssen sich deshalb der öffentlichen Diskussion stellen. Ihre Ergebnisse dürfen dabei genauso wenig wie die Gesetze des Marktes verabsolutiert und zum Maßstab für gesellschaftliche und politische Entscheidungen gemacht werden. Auch wissenschaftliche Erkenntnisse besitzen keinen absoluten Wahrheitsgehalt, sondern Vorläufigkeitscharakter. Technische Lösungen sind immer nur eine von mehreren Möglichkeiten.

Wir brauchen den öffentlichen Dialog über die Chancen, Risiken und Alternativen, über einen konsensfähigen Weg der sozio-technischen Entwicklung. Wir brauchen die offene Diskussion um die Ziele, um die Sinnhaftigkeit dieser Ziele, um die Alternativen der sozio-technischen Entwicklung, wenn wir wieder zu einem Konsens in wesentlichen technologie- und gesellschaftspolitischen Fragen kommen wollen. Konsens muß erarbeitet, erstritten werden.

Wenn die Gestaltung von Wissenschaft und Technik unter dem Gesichtspunkt der sozialen und ökologischen Verträglichkeit stattfinden soll, sind Mitreden und Mitbestimmung auf allen wichtigen Ebenen der Technikgestaltung und -nutzung zwingend notwendig. Dies erfordert ein radikales Mehr an Demokratie, die aktive Beteiligung der von technologischen Entscheidungen und Entwicklungen Betroffenen an der Technikgestaltung. Sie ist nicht nur aus demokratietheoretischen Erwägungen erforderlich und wünschenswert. Sie kann beispielsweise wesentlich dazu beitragen, die Kreativität, den Ideenreichtum und die Leistungsbereitschaft der ArbeitnehmerInnen zu mobilisieren. Dies gewährleistet, daß Fragen der Humanisierung bereits bei der Technikentwicklung berücksichtigt werden und Fehlentwicklungen in Form rein technikzentrierter Rationalisierungstechnologien vermieden werden können.

Mitwirkung und Mitbestimmung erfordern Informationen, rationale und nachvollziehbare Entscheidungsgrundlagen und problemadäquate Bewertungshilfen. Angesichts der zentralen Rolle wissenschaftlich untermauerter Argumente in politischen Entscheidungsprozessen müssen die gesellschaftlichen Gruppen wie Gewerkschaften, Kirchen, Umwelt-, Naturschutz-

und Verbraucherverbände, Bürgerinitiativen oder Frauengruppen einen eigenen Zugang zu Forschungseinrichtungen und -ergebnissen erhalten.

Wissenstransfer, die Vermittlung neuer wissenschaftlicher Erkenntnisse und möglicher Folgen aus der Anwendung und Nutzung dieser Kenntnisse, aber auch die Erörterung offener Fragen und die Bereitstellung der gewonnenen Erkenntnisse und Einsichten bei der Bewältigung konkreter Probleme und Aufgabenstellungen sind schlechthin eine Bringschuld sowohl der Politik wie auch der Wissenschaft gegenüber der Öffentlichkeit. Die Wissenschaft der öffentlich unterhaltenen Forschungs- und Entwicklungs-Einrichtungen muß deshalb deutlich mehr als bisher in den Diskurs mit allen Gruppen dieser Gesellschaft und nicht nur mit potenten Drittmittelgebern eintreten. Die Anfertigung von Analysen und Gutachten, die Mitarbeit in Beratungsgremien sollte insbesondere für die Hochschulen zu einer genauso selbstverständlichen Aufgabe wie die Durchführung von Forschung und Lehre werden.

Öffentliche Forschungseinrichtungen sollten hierzu Einrichtungen schaffen, an die sich gesellschaftliche Gruppen, Parlamente, aber auch einzelne Bürgerinnen und Bürger wenden können, wenn sie Beratungsbedarf haben. Diese Einrichtungen könnten dann regelmäßige fachbezogene Sprechstunden durchführen oder bei der Vermittlung von Gesprächspartnerinnen und -partnern behilflich sein. Den Einrichtungen sollten Kuratorien aus Vertreterinnen und Vertretern der genannten Gruppen und der relevanten Fachgebiete der Forschungseinrichtung beratend zur Seite stehen. In einer Satzung sollte zugleich geregelt sein, unter welchen Voraussetzungen wer (kostenlose) Gutachten oder Analysen erhalten kann und wie über entsprechende Anträge entschieden werden soll.

Weiterhin ist es erforderlich, daß gesellschaftliche Gruppen in die Lage versetzt werden, dort, wo sie Forschungsdefizite sehen oder wo sie besondere Forschungs- oder Beratungsinteressen haben, autonom über die Vergabe von Gutachten oder kleineren Forschungsvorhaben zu entscheiden. Die jeweiligen Verbände bzw. Dachverbände könnten hierzu zweckgebundene Zuweisungen aus öffentlichen Haushalten erhalten, so wie bereits jetzt etwa der Bundesjugendring oder der Deutsche Naturschutzring Mittel aus dem Bundeshaushalt erhalten, ohne daß dies mit konkreten inhaltlichen Vorgaben über die Verwendung der Gelder im einzelnen verbunden ist.

Ein wichtiger Ansatz, das nötige Gestaltungswissen und den öffentlichen Diskurs über die gewünschte technologische Entwicklung sicherzustellen, ist das Instrument der Technikfolgenabschätzung (TA). TA-Prozesse sollten systematischen und ganzheitlichen Charakter aufweisen. Sie sollten interdisziplinär unter Einbeziehung kontroverser wissenschaftlicher Positionen und unter Beteiligung der Öffentlichkeit durchgeführt werden. TA sollte sich also nicht auf die Analyse beschränken oder auf ein reines Informationsinstrument zurückgeschraubt werden. Sie sollte vielmehr auch als ein Instrument des öffentlichen forschungspolitischen Diskurses verstanden und eingesetzt werden. Grundsätzlich sollten TA-Prozesse integraler Bestandteil aller Forschungsprogramme sein.

Eine auf den sozialen und ökologischen Umbau der Industriegesellschaft zielende Forschungspolitik wird sich schließlich nicht damit begnügen können, die Aufwendungen für die Umwelt- oder Humanisierungsforschung zu steigern, die Integration und Berücksichtigung sozialer und ökologischer Gesichtspunkte in allen Forschungsbereichen voranzutreiben oder alternative Forschungsansätze in die Förderung einzubeziehen. Eine solche Politik bliebe letztlich zum Scheitern verurteilt und würde zur sozial- und umweltpolitischen Alibiveranstaltung verkommen, bei der zwar die Forschung gefördert, die Inangriffnahme der Probleme jedoch ausgespart wird.

Hauptverantwortlich für die Gefährdung des natürlichen Gleichgewichts sind schließlich nicht Forschungsdefizite, sondern Versäumnisse der Umweltpolitik und eine falsche Ausgestaltung der wirtschaftlichen Rahmenbedingungen. Das ist aber eine Frage der politischen Rahmensetzungen. Unsere Wirtschaftsweise wird erst dann eine sozial- und umweltverträgliche Richtung einschlagen, wenn der Markt dies gebietet. Um es mit anderen Worten auszudrücken: Eine Konversion der Industrie erreichen wir dann, wenn Gewinne bei einer Beibehaltung der bisherigen Wirtschaftsweise nicht mehr zu erzielen sind, bestimmte Produkte nicht mehr auf den Markt gebracht oder einzelne Produktionsverfahren nicht mehr angewandt werden dürfen, nicht aber deshalb, weil die sozialökologische Forschung ausgebaut würde.

Die wissenschaftlich-technische Entwicklung läßt sich nur im Rahmen eines umfassenden gesellschafts- und wirtschaftspolitischen Reformkonzepts gestalten. Die Forschungs- und Technologiepolitik muß deshalb in eine Gesamtstrategie zur Erneuerung unserer Industriegesellschaft eingebunden sein, die Maßnahmen einer langfristigen aktiven Strukturpolitik, der Umwelt-, der Entwicklungs-, der Gesundheits-, der Regional-, der Arbeitsmarkt-, der Bildungs- und Wissenschaftspolitik mit solchen der Forschungs- und Technologiepolitik abstimmt und verzahnt. Hierbei muß die Förderung von Forschung und Entwicklung mit der Erleichterung der Markteinführung erwünschter Technologien sowie mit der Weiterentwicklung von Umweltstandards und technischen Normen und mit Maßnahmen zur Humanisierung der Arbeitswelt zu einem einheitlichen Konzept verknüpft werden.

Elmar Altvater

Fallstricke im ökologischen Diskurs und wie sie vermieden werden können

Die ökologischen Probleme werden nach einem Sensationsmechanismus der (ver)öffentlich(t)en Meinung thematisiert: Das Waldsterben wird in den Medien durch Tschernobyl verdrängt, die unfaßbare nukleare Katastrophe durch das ans Herz gehende Robbensterben, das visuelle Robbensterben durch den nur mit komplizierten Computermodellen nachweisbaren Treibhauseffekt und den befürchteten Untergang ganzer Inselgruppen und Küstenstreifen, der Treibhauseffekt durch die Artenvernichtung beim Raubbau an den Regenwäldern, das lange Zeit die ökologische Agenda beherrschende Regenwaldthema durch die kurzzeitig Anfang 1991 drohende Ökokatastrophe infolge des Golf-Kriegs, die Gefährdungen am Golf durch die näher liegenden Giftmüll-Skandale, diese durch einen Ozon-Großversuch in Heilbronn und alle diese Probleme durch die Spektakel, mit denen globale Umweltpolitik heute inszeniert wird. Rio de Janeiro hat dies 1992 gezeigt, und in Berlin wird im März 1995 bei der ersten UNCED-Nachfolge-Konferenz der Vertragsstaaten der Klimakonvention etwas Ähnliches stattfinden.

Die jeweiligen konkreten Ökothemen, die die Orientierungsmarken am ökologischen Problemhorizont sind, werden immer wieder verdrängt, d.h. sie bleiben im gesellschaftlichen und individuellen Unterbewußtsein vorhanden, und da sie nicht mehr adäquat und d.h. in der Öffentlichkeit bearbeitet werden, stützen sie nicht immer produktive Verarbeitungsformen. Was bleibt, ist ein thematisch nicht entfaltetes, also auf gesellschaftliche Prozesse nicht oder nur unzureichend bezogenes und daher eher diffuses Gefühl der Betroffenheit von der allgemeinen ökologischen Krise. Dieses erhält dadurch etwas Überwältigendes und leistet katastrophischen Deutungen Vorschub, die wiederum politisch regressive Wirkungen ausüben, die für grüne, und für Reformpolitik im Allgemeinen, Hindernisse aufwerfen.

Man kann also im ökologischen Diskurs auf Wegen und Irrwegen schreiten und sogar in Fallen geraten, in denen man sich verfängt und nur schwer wieder herauskommt. Einige dieser Politikfallen sollen hier kurz diskutiert werden: a) der Markt; b) die Internationalisierung bzw. Globalisierung der Probleme und der Problembewältigung; c) die Ethisierung der ökologischen Frage und d) deren Individualisierung und Privatisierung. Gerät man in eine dieser Fallen, schnappen auch die anderen zu.

Ideologisierung des Marktes

Der Zusammenbruch der realsozialistischen Plansysteme hat dem Konzept des Marktes bekanntlich zu einem neuen Aufschwung verholfen. Wenn das Ende der Geschichte mit Marktwirtschaft und Parlamentarismus erreicht ist, braucht niemand Alternativen. Auch die Ökologiebewegung ist von dieser neuen Selbstgewißheit des Marktliberalismus erfaßt worden, der sich als ein globales politisches Projekt aufgeschwungen hat, das Alternativen neben sich nicht duldet: Deregulierung in der BRD und in der EU, Privatisierung und Entbürokratisierung nach dem Ende der Militärdiktaturen in Lateinamerika und anderen Weltregionen, in denen Weltbank und Internationaler Währungsfonds Strukturanpassungsmaßnahmen durchgesetzt haben, Transformationsprozesse zur Marktwirtschaft in Osteuropa. Dem Markt wird ein weitreichendes und effizientes Rationalitätspotential zugemessen, das nicht nur in der Lage sein sollte, die ökonomische Dynamik und damit den „Wohlstand der Nationen" zu erhöhen, sondern auch die Umweltkrisen zu bewältigen. Hier treffen sich eher konservative Vorstellungen aus dem Umkreis der Umwelt- und Ressourcenökonomie, in denen von einer Monetarisierung der Stoff- und Energietransformationen und der Internalisierung externer Effekte die Rede ist, mit „Realo-Vorstellungen" aus der Grünen-Bewegung, die von der Fähigkeit marktförmiger Instrumente zur Behebung ökologischer Schäden ausgehen. Die Marktpreise sollen die „ökologische Wahrheit" sagen, lautet eine beliebte und verbreitete Formel. „Get the prices right". Ob allerdings damit mehr erreicht wird als eine Rationalisierung des ökonomischen Steuerungsmechanismus, sei dahingestellt. Denn dadurch, daß Umweltschäden in Geld ausgepreist werden, werden sie nicht ungeschehen gemacht und möglicherweise auch nicht verhindert. Wenn „dem Kapitalismus" nun nach dem „Sieg im Systemwettbewerb" die Verantwortung für die Bewältigung der ökologischen Probleme übertragen wird, kann man sich dessen bedienen, was eben der kapitalistische Marktmechanismus zu bieten hat. Warum es der ökologischen Alternativbewegung überhaupt noch bedarf, außer daß sie als „Frühwarnindikator" eine Rolle spielen könnte, wenn die ökologische Problembewältigung einem neutralen und letztlich „unpolitischen" Mechanismus übertragen wird, ist nicht so recht einsichtig.

Es ist klar, daß eine moderne Gesellschaft mit vielen dezentral organisierten Entscheidungszentren nur markt- und geldvermittelt reguliert werden kann. Also kann niemand sich sinnvollerweise gegen Marktsteuerung und -regulation generell wenden, es sei denn Marktmechanismen, Warenproduktion und Geldfetisch werden für den „Kollaps der Moderne" verantwortlich gemacht. Doch diese These ist viel zu einfach. Denn erstens sind Märkte schon bei den ersten Gesellungsversuchen der Menschen und nicht erst in der „Moderne" entstanden. Zweitens haben sie die von Karl Polanyi so eindringlich beschriebene zerstörerische Dynamik erst entfalten können, als die quantitative Logik des Geldes - Steigerung, Beschleunigung, Expansion - geschichtsmächtig werden konnte: als nämlich die zu ihrer Realisierung notwendigen energetischen Stoffe aus der Erdkruste gebuddelt und die technisch-organisatorischen Mittel für Beschleunigung und Expansion in der „industriellen Revolution" in die Welt gesetzt waren. Ich habe dies als den „Bund von Kohle und 'Kohlen'" bezeichnet (in: PROKLA 95, Juli 1994). Es sind also weniger die Märkte als das Geld und die fossilen Energien, die das zerstörerische Überschreiten des menschlichen Maßes ermöglichen - und erzwingen. Diese Sicht entfetischisiert die Märkte und verdeutlicht, wie sehr man sich in Alternativüberlegungen auf die Rolle des Geldes und des vorherrschenden fossilen Energiemodells konzentrieren muß.

Jedoch wird in der Debatte über Märkte häufig vergessen, deren Rationalitätsschranken in angemessener Weise zu benennen: Die Externalisierungstendenz von vermeidbaren Kosten, d.h. deren Abwälzung auf die Gesellschaft, der durch „Deregulierung" Vorschub geleistet wird; die zinsbedingte „Kurzsichtigkeit" von Marktagenten angesichts der langfristigen Wirkungen von Umweltmanipulationen (der Planungshorizont ist umso kürzer, je höher die Zinsen); die durch den Markt gestützte Expansionstendenz, die räumlich und zeitlich alle natürlichen Maße sprengt und auf ökologische Vernetzungen keine Rücksicht nimmt. Es sollte auch nicht vergessen werden, daß mit dem Geld des Marktes Abhängigkeiten erzeugt werden, die ganzen Gesellschaften Entwicklungsperspektiven verbauen; es sei hier an die Schuldenkrise vieler Länder der sogenannten Dritten Welt erinnert. Daß Verschuldung und Verarmung verheerende ökologische Folgen zeitigen, ist schon oft ausgeführt worden. Darüber sind oftmals bestürzende Ausführungen im „Human Development Report" oder in Weltbankberichten zu finden. Die „armutsbedingten Umweltzerstörungen" haben für ihre Verursacher den großen Nachteil, daß ihnen die Mittel zur monetären Kompensation fehlen, und daß sie in der Regel weniger Chancen als die Reichen haben, die Umweltschäden zu externalisieren. Die Reichen können den Giftmüll „exportieren" - „not in my backyard". Die Armen müssen im und vom Müll leben.

Um es unmißverständlich und deutlich zu sagen: Mein Plädoyer richtet sich nicht gegen den Markt und für einen kruden Antikapitalismus, es geht gegen den Verlust an alternativen Visionen, die mit der schnellschüssigen und oftmals unkritischen und die negativen Seiten verdrängenden Akzeptanz von Marktregulation einhergeht und den durch den Markt transportierten Sachzwängen ein grünes Gewand anlegt.

Internationalisierung und Globalisierung der Umweltschäden

Wenn die ökologischen Probleme globale Reichweiten erlangen, verschiebt sich auch die politische Problembearbeitung auf die internationale Ebene. National wird nicht gehandelt, weil zunächst auf der internationalen Ebene etwas geschehen müßte. Dort passiert nicht viel, weil von den Nationalstaaten zu wenig Dampf gemacht wird. „Hannemann, geh Du voran, Du hast die längsten Stiefel an." Dieser blockierende Mechanismus ist als Politikverflechtungsfalle bezeichnet worden. Die je nationale Ökologiebewegung verliert auf diese Weise der wechselseitigen Verschiebung von Verantwortung tendenziell den politischen Adressaten; der Nationalstaat verflüchtigt sich in der internationalisierten Verantwortungslosigkeit nationaler Regierungen. Diese können sich hinter internationalen Gremien und den Schwierigkeiten verschanzen, wirksame internationale Übereinkünfte zu erzielen. Demobilisierende Effekte, wo sich die ökologischen Probleme offensichtlich und unerwartet und in atemberaubender Geschwindigkeit zuspitzen, bleiben dann nicht aus. „Global denken - vor Ort handeln" verwandelt sich aus einer den Horizont weitenden und daher positiv mobilisierenden Formel in die Resignation, daß lokales Handeln wenig nutzt, solange auf globaler oder zumindest auf europäischer Ebene nicht etwas Entscheidendes geschieht. Das Gefühl der Hilflosigkeit ist gerade die Kehrseite des Katastrophenbewußtseins, das jeden Einzelnen handlungsunfähig macht und Bewegungen politisch disaggregiert.

Eine politische Ökologiebewegung müßte also die schwierige Aufgabe bewältigen, angesichts der Internationalisierung der Umweltprobleme und deren Bekämpfung regionale und nationale Verantwortlichkeiten aufzuzeigen, die zum Adressaten von alternativen Politikkonzepten werden können. Derzeit scheint es so, als ob die durch die Internationalisierung erzeugte Lücke im nationalen und lokalen Raum nur durch spektakuläre „task force"-Aktionen, wie sie etwa Greenpeace durchführt, gefüllt werden könnte. Doch handelt es sich dabei, so bedeutsam die Aktionen sind, um eher symbolische Politikformen. Das „Bohren dicker Bretter", und dann noch „mit Augenmaß und Geduld" (Weber), erfordert freilich mehr: Veränderung der institutionellen Regelsysteme, des Verhaltens. Das Knüpfen von organisatorischen Netzwerken zwischen den lokal operierenden Umweltbewegungen, um in der Gesellschaft die Präsenz des ökologischen Diskurses zu erhöhen.

Ethisierung ökologischer Verantwortung

Der Verflüchtigung von politischer Verantwortung für ökologische Probleme entspricht eine „Ethisierung" ökologisch bedeutsamer Handlungen und Unterlassungen. Wenn die vielen einzelnen nicht mehr oder nur noch in engen Grenzen politisch auf die Umweltkrise zu reagieren vermögen, sei es, weil die Problembearbeitung dem Markt, oder sei es, weil sie internationalen Konferenzen und Gremien übertragen worden ist, versuchen sie individuell ethisch begründeten, moralischen Imperativen zu folgen: Müllvermeidung im Haushalt, Energiesparen, weniger Autofahren, weniger Fleisch auf den Tisch etc..

Das Empfinden des Ungenügens der durch den Markt vermittelten Standards, veranlaßt zu dem neueren Ethik-Boom; Unternehmen leisten sich Ethik-Beauftragte, in der knochentrockenen und rentabilitätsorientierten Betriebswirtschaftslehre begeistert man sich für die „neue Unternehmenskultur", zu der die vielen Ethik-Tagungen gehören, die für Manager zu hohen Preisen veranstaltet werden. Die Ethisierung ist nur dann nicht konterproduktiv, wenn es gelingt, die ethischen Prinzipien interindividuell (und international) zu verallgemeinern, in sich konsistent zu formulieren und so zu einem politischen Thema zu machen.

Die bloße Ethisierung verstärkt die depolitisierenden Individualisierungstendenzen, weil ein zentraler Sachverhalt außerhalb des Blickfeldes gerückt wird: Die lebensweltlichen Angebote dürfen nicht in Widerspruch zu den ethischen Geboten stehen. In der bürgerlichen Frühphase war es möglich, die Verwertungsleidenschaften des „enrichissez vous" zu zügeln; es wurde nicht verlangt, gleichzeitig vorwärts und rückwärts zu gehen, sondern nur etwas langsamer in der Richtung des Fortschritts. Die ethischen Imperative der Ökologen heute aber zügeln nicht nur, sie verlangen einen Spagat zwischen der dominanten Produktions- und Konsumnorm des „immer mehr" einerseits und „Bescheidung" andererseits. Erst wenn die durch den Rückgriff auf die fossilen Energieträger und die industriellen Wandlungssysteme eröffneten Möglichkeiten der räumlichen Expansion und Reichweite und der Beschleunigung in Richtung „Entschleunigung" eingeschränkt werden, sind ethische Selbstbescheidungs-Imperative mit den materialen Gegebenheiten kompatibel. Was nützt es, einem Auto- oder Motorradfreak das Lob der Langsamkeit zu predigen, wenn die Sportwagen und Off-road-Hersteller schon aus Konkurrenzgründen immer schnellere und straßenungebundene Naturzerstörer auf den Markt werfen und an den Kunden bringen? Günter Anders hat in seiner „Antiquiertheit des Menschen" von der Erde als einer „ausbeutbaren Mine" gesprochen und hinzugefügt, daß das Gebot der Moderne lautet: Was in den menschlichen Möglichkeiten steht, muß auch getan werden. Diesem Zwangscharakter gegenüber ist die ethische Selbstbescheidung ein sehr schwacher Trost und ein unzureichendes Korrektiv.

Individualisierung der ökologischen Frage in der „Risikogesellschaft"

Die klassenspezifischen Milieus lösen sich tendenziell auf, die bestimmenden Milieus werden, wie die Studie von von Oertzen, Vester und anderen zeigt, sehr viel komplexer und mehrschichtig gebildet. Die damit einhergehenden Individualisierungstendenzen sind ja nicht nur regressiv, sondern enthalten progressive, befreiende Elemente, auf die nicht nur Ulrich Beck aufmerksam gemacht hat. Sie werden daher von den „neuen Individuen" gern wahr- und aufgenommen und als entlastend empfunden. Die Individualisierungstendenzen verstärken die Ethisierung einerseits - denn der Verantwortungsbereich eines jeden wird größer - und die Marktorientierung andererseits, da die Vergesellschaftung der Individuen in erster Linie und vorrangig über den Markt und daher geldvermittelt verläuft und das dadurch entstehende „moralische Defizit" nun mit einem „ethischen Diskurs" gefüllt werden muß. So wird aber ganz unethisch eine Lebensweise, ein Konsum- und Produktionsmuster, kurz ein Akkumulationsregime gestützt, das gerade die Umweltprobleme provoziert. Jeder Woody Allen Film ist ein Beleg für die Ambivalenz zwischen Tristesse und legerer Unbekümmertheit beim Umgang mit sich und seinesgleichen und mit der Natur in sich und um sich herum. Der Blick aufs globale Ganze ist dem Individuum verbaut, denn würde es ihm folgen, wären nur Nachteile einzufahren, da ja davon ausgegangen werden kann, daß die anderen Individuen zur Verzichtleistung nicht bereit sind. Daher haben moralische Appelle an Individuen auch so selten durchgreifende Wirkung; sie unterstellen ja auf Seiten des Individuums angesichts seiner Interessen einerseits und der kollektiv gesetzten Spielregeln andererseits irrationale Reaktionen. Diese Lücke zwischen „subjektiven" Interessen und „objektiven" Erfordernissen kann kein ethischer Diskurs schließen. Die Individualisierung, die so sehr in „der Moderne" als befreiend empfunden wird, ist daher selbst noch Grund der Generierung von Ökologieproblemen, unter denen die sie produzierenden Individuen dann leiden.

Wie können die Politikfallen vermieden werden?

Die einfache Antwort, dies könne durch Kritik des kapitalistischen Marktes, durch Re-Regionalisierung der globalen Ökonomie und Gesellschaft gegen die allmächtigen Internationalisierungstendenzen, durch Rückgängigmachen der Individualisierung, also durch „Sozialisierung" der individualisierten Individuen und Überwindung einer falschen, weil selbstbetrügerischen Ethisierung geschehen, führt nicht weit. Denn die genannten Politikfallen sind zugleich Eckwerte der gesellschaftlichen Modernisierung, durch die, in einer reichen Gesellschaft wie der BRD zumal, so viele Gratifikationen entstehen, daß eine bloße Abwehr nutzlos, sinnlos und obendrein regressiv wäre. Die Tendenzen einer ökologischen Modernisierung und einer auch im alternativen Milieu propagierten „Alltagsökologie" sind dann naheliegend; sie können aber bedeuten, daß einer grünen Bewegung stückchenweise die Grundlage entzogen wird. Denn bei der ökologischen Modernisierung können sich die traditionellen Organisationen und Parteien auf ihre erwiesene Kompetenz des Systemmanagements berufen und den Grünen allenfalls für deren ursprüngliche Thematisierung generös Dank sagen. Schon Gramsci hat bei der Analyse des „Transformismus" gezeigt, wie die politischen Eliten Modernisierungsimpulse zunächst bekämpfen, dann aber integrieren und dabei auch die Akteure der Reformen absorbieren. In der „Alltagsökologie" wiederum scheint es, als ob jede(r) einzelne in ihrem/seinem Bereich das globale ökologische Problem durch letztlich marginale Verhaltensänderungen reduzieren könnte, so daß auch von daher kein Politisierungsimpuls in Richtung eines mehr als mentalen Sympathie-Engagements für die grün-alternative Bewegung ausgeht.

So kommt eine grüne Bewegung gar nicht darum herum, die „Systemfrage" zu stellen. Dies darf freilich auf gar keinen Fall in abstrakt-fundamentalistischer und traditionell-antikapitalistischer Weise geschehen. Die Grünen/Alternativen würden dann bei dem Versuch, den genannten Politikfallen auszuweichen, in noch fester zuschnappende Fangeisen laufen: in die Falle des Selbstausschlusses aus der politischen Öffentlichkeit, in die Marginalisierung. Dies kann nur vermieden werden, wenn die lebensweltlichen Erfahrungen und Interessen an die systemweltlichen Bedingungen von Politik und Ökonomie „angekoppelt" werden. Die Ökologiefrage muß mit den verschiedenen Dimensionen der sozialen Frage (Arbeitsbedingungen, Einkommensverteilung, Reproduktionssphäre) verknüpft werden, und dies nicht mehr nur im nationalen Rahmen, sondern europäisch, international. Die Ziele sozialer Gerechtigkeit, ökonomischer Effizienz, demokratischer Partizipation und ökologischer Tragfähigkeit müssen aufeinander bezogen und die Bereiche der Kongruenz der genannten Dimensionen ausgeweitet werden.

Zu einem Projekt gehören nicht nur das Programm, sondern auch die Subjekte, die für seine Realisierung stehen. Das Naturverhältnis ist gesellschaftlich und daher ist die „ökologisch nachhaltige" Regelung des Naturverhältnisses nur möglich, wenn die sozialen Fragen von Arbeit, Reproduktion, freier Zeit in den Diskurs des gesellschaftlichen Naturverhältnisses integriert werden. Sonst kommen beispielsweise zugleich eine ökologische Ethik der Selbstbescheidung und in der sozialen Auseinandersetzung zwischen Arbeit und Kapital eine kräftige Lohnforderung auf den Tisch. Auf den ersten Blick sind in diesem Falle ökologische und Sozialpolitik nicht kongruent. Aber im sozialen Konflikt zwischen Lohnarbeit und Kapital auf Lohnforderungen mit ökologischen Argumenten zu verzichten, wäre ebensowenig mit der ökologischen Selbstbescheidung kongruent, würden doch auf diese Weise nur die Rentabilität verbessert, Investitionen profitabel und daher - ohne weitere Eingriffe in den ökonomischen Prozeß die Wachstumsraten und mit ihnen der Stoff- und Energieverbrauch erhöht. Es ist zu vermuten, daß auf diese Weise die natürliche Umwelt nicht gerade verbessert wird.

Wir bewegen uns also mit dieser Argumentation in Richtung einer Bestimmung von Nachhaltigkeit („sustainability"). Dabei kann es nicht nur um die Festlegung von Nutzungsraten natürlicher Ressourcen und die Senkung stofflicher, flüssiger und gasförmiger Emissionen gehen, sondern um einen Modus des sozialen Umgangs mit der inneren und äußeren Natur, der die Option auf die Nachhaltigkeit des Wirtschaftens eröffnet. Es ist vollkommen klar, daß Nachhaltigkeit unter kapitalistischen Bedingungen, d.h. in einer Geld- und Marktwirtschaft ausgeschlossen ist. Denn Geld erfordert, wie angedeutet worden ist, Steigerung, Expansion, Beschleunigung - alles Prinzipien, die Nachhaltigkeit des Wirtschaftens ausschließen. Und dennoch muß unter diesen Bedingungen „sustainability" versucht werden. Dies ist eine Aufgabe, die auf den ersten Blick nicht so verschieden ist von einer traditionellen reformistischen Politik, über die Peter von Oertzen so oft und so viel Erhellendes geschrieben hat. Und doch gibt es heute einen entscheidenden Unterschied zu den Aufgaben der „alten" Arbeiterbewegung. Um Nachhaltigkeit zu erreichen, muß ein Übergang zu einem anderen Energiemodell eingeschlagen werden. Die Ehe von „Kohle und Kohlen" gilt es zu scheiden. Mit einer „Sonnenstrategie", wie Hermann Scheer sie bezeichnet hat, gilt es, einen Ausweg aus dem fossilistischen Zeitalter zu finden. Niemand sollte sich dies als eine bloß technische Lösung des Austausches von Primärenergie vorstellen: Statt Erdöl, Kohle, Erdgas und Atom jetzt die Strahlung der Sonne, die wir einfangen und in unsere vorhandenen industriellen Stoff- und Energiewandlungssysteme einspeisen, damit wir und obendrein der ärmere Teil der Menschheit auch weiterhin so komfortabel leben können wie bisher. Das wird nicht gehen. Die „Sonnenstrategie" hat, wenn sie denn erfolgreich ist, eine andere, eine „solare" Gesellschaft zur Folge. Daher habe ich diesen Prozeß auch in vollem Bewußtsein der Bedeutung dieses Begriffs als eine „solare Revolution" bezeichnet. Es handelt sich also in diesem sozialökologischen Diskurs tatsächlich um mehr als die Entwicklung eines radikalen Reformismus. Denn immer sind in der Menschheitsgeschichte alle sozialen Formen nach und nach umgewälzt worden, wenn sich die Energiesysteme gewandelt haben. Das dauert Jahrzehnte, vielleicht Jahrhunderte. Aber irgendwann müssen die ersten Schritte in Richtung solarer Gesellschaft eingeleitet werden.

Jenseits aller - in der Wichtigkeit nicht zu unterschätzenden - praktischen Tagesfragen kann sich eine Ökologiebewegung, die das Mensch-Natur-Verhältnis als ein gesellschaftliches und daher bewußt gestaltbares begreift, dieser langfristigen Orientierung auch in den Tagesentscheidungen nicht verschließen, beispielsweise wenn es um Technologiepolitik, Energiesubventionen, wissenschaftliche Weichenstellungen, Verkehrsinvestitionen etc. geht. Wenn die grüne Bewegung nicht nur von Nachhaltigkeit reden will, sondern das Prinzip auf sich selbst anwendet, muß sie darauf achten, ihre Ressourcen von Kompetenz, Legitimation, Vertrauen und Zukunftsorientiertheit nicht vorzeitig aufzubrauchen. Jenseits der tagespolitischen Aktualität von „rot-grün" oder „wie halten wir es mit der PDS?" geht es um die ständige Arbeit an Begründungszusammenhängen für eine zukunftsorientierte, auf „sustainability" zielende Gestaltung des gesellschaftlichen Naturverhältnisses.

Horst Peter

Mehr Demokratie wagen II

Ein komplexes Krisenszenario bestimmte das Ende des zweiten Jahrzehnts der Bundesrepublik. Die Zustimmung der westdeutschen Bürgerinnen und Bürger zu ihrem Staat schwand. Denn diese Zustimmung basierte auf der Verheißung immerwährender wirtschaftlicher Prosperität, dem Beschweigen der Vergangenheit, der damit verwobenen Unterwerfung unter den Westen und der fortwährenden Angst vor dem Osten, sie basierte nicht auf demokratisch-republikanischen Tugenden. Nach Wiederaufbau- und Korea-Boom stockte die wirtschaftliche Entwicklung. Die Fähigkeit der neuen deutschen Gesellschaft zum wirtschaftlichen und sozialen Interessenausgleich und zur sozialstaatlich-demokratischen Integration waren bedroht. Die nachwachsenden Generationen stellten die „Bewältigung" der Vergangenheit, die Feindschaft mit dem Osten und die Vorbildfunktion der USA, deren demokratische Reputation in den Kämpfen der 3. Welt versank, in Frage. Die außenpolitische Manövrierunfähigkeit gegenüber den Märkten im Osten, repressive Sexualmoral, ineffiziente Strukturen in Wirtschaft und Ausbildungssektor behinderten die Zukunftsfähigkeit der Bundesrepublik. Die Fragmentierung der neuen deutschen Demokratie konnte nicht mehr autoritär gebunden werden.

Eine Einladung zum großen Dialog, die Akzeptanz von Interessen und Konflikten und die Bereitschaft zu deren Ausgleich, die Bereitschaft zur sozialen Umverteilung, Ausweitung der Teilhaberechte der Bürgerinnen und Bürger, staatliche Intervention und soziale Flankierung des Modernisierungsprozesses bezeichneten die innenpolitischen Elemente des sozialliberalen Reformbündnisses, des wohlfahrtsstaatlichen Kompromisses zwischen Arbeiterschaft und Bourgeoisie. Willy Brandts „Mehr Demokratie wagen" formulierte das Integrationsangebot des demokratischen Wohlfahrtsstaates zur ökonomischen, sozialen und politischen Teilhabe und Mitgestaltung. Die Reformimpulse aus der Gesellschaft wurden produktiv aufgenommen.

Die von der APO politisierten jungen Intellektuellen sollten frischen Wind in die Institutionen bringen, aber auch die von Karl-Hermann Flachs Ideen geprägten Liberalen sollten bei der Demokratisierung aller gesellschaftlichen Bereiche mitwirken können, selbst die Demokratisierung der Wirtschaft durch Ausweitung der Mitbestimmung schien machbar. Die Institutionen selbst wurden nicht in Frage gestellt, man glaubte sie reformieren zu können und die unterschiedlichen Interessen schienen korporatistisch vermittelbar auf dem Wege des Interessenausgleiches.

Bröckelte auch die ökonomische Basis des Integrationsmodells von 1969 bereits in der zweiten Hälfte der 70er Jahre unter dem Eindruck der Ölpreiskrisen und der wachsenden Kritik am Fortschrittsdenken des sozialliberalen „modernen Deutschlands" - es entwickelten sich breite soziale Protestbewegungen, die institutionell nicht zu integrieren waren - so bedeutete die Wende zum konservativ-marktradikalen Regierungsbündnis unter Helmut Kohl das vorläufige Ende der Vorstellung, durch Demokratisierung zur gesellschaftlichen Integration zu kommen. Aussitzen der Probleme statt demokratische Problemregulierung bestimmte das Politikverständnis und leitete einen tiefgreifenden Desintegrationsprozeß der Gesellschaft ein. Deshalb bedarf es auch bei allen Überlegungen zur Etablierung eines ökologischen und solidarischen Reformprojekts einer *Neubestimmung* der Inhalte und Ansätze für ein „Mehr Demokratie wagen II".

Ein Anknüpfen an 1969 ist schwer möglich, da sich verschiedene Voraussetzungen grundlegend geändert haben:
- Die Institutionen, die Medium der Demokratisierung sein sollten, befinden sich inzwischen selbst in der Krise. Weder Parlament noch Parteien, noch gesellschaftliche Großorganisationen werden von denen, die jetzt „Mehr Demokratie wagen" wollen, als Elemente eines Demokratisierungsprozesses akzeptiert;
- Der Individualismus der möglichen Akteure eines politischen Diskurses wird einen korporatistischen Konfliktausgleich hinter verschlossenen Türen nicht akzeptieren;
- Eine veränderte *Medienlandschaft* erschwert die Entwicklung eines öffentlichen Diskurses. Der Wettkampf der

Symbole und der Inszenierung von Ereignissen verdrängt die Auseinandersetzung mit der gesellschaftlichen Wirklichkeit und der öffentlichen Wahrnehmung;
- Die Integrationsfähigkeit des Wohlfahrtsstaates verliert durch verschiedene ökonomische, gesellschaftliche und politische Trends an Kraft und vermag immer weniger einer gesellschaftlichen Spaltung entgegenzuwirken.

Gehen wir davon aus, daß Demokratie als die Form gesellschaftlicher Integration zu verstehen ist, die auf der Beteiligung von Bürgerinnen und Bürgern an den für sie relevanten gesellschaftlichen Entscheidungen basiert und diese Beteiligung die öffentliche Meinungs- und Willensbildung voraussetzt, um die der Gesellschaft inhärenten sozialen Konflikte auszugleichen und die Institutionen an die Interessen der Bürgerinnen und Bürger zu binden, benötigen wir die *Neubestimmung* des „Mehr Demokratie wagens".

Es wird notwendig sein, individualisierte Menschen genauso zu integrieren wie die durch den Entsolidarisierungsprozeß sozial Ausgegrenzten. Als besonderes Hindernis erscheint der politische Trend, die wohlfahrtsstaatliche Integration immer stärker auszuhöhlen. Ist doch die gesellschaftliche Integration der sozialen Problemlagen über demokratische Teilhabe Voraussetzung der Konfliktbewältigung.

In einer Gesellschaft mit abgespaltenen Armutszonen und dauerhaft ausgegrenzten Bevölkerungsteilen eskalieren die sozialen Konflikte bis an die Grenzen jener Gemeinsamkeit, auf deren Basis öffentliche Meinungs- und Willensbildung ausgetragen und gesellschaftlich ausgehalten werden können. Die sozial ausgegrenzten Bevölkerungsteile werden von den gesellschaftlichen Entscheidungen abgespalten, zum einen weil sie aufgrund ihrer minderen Einkommen an der öffentlichen Meinungs- und Willensbildung nicht gleichberechtigt teilnehmen können, zum anderen werden sie entmutigt, sich in die politische Diskussion einzubringen, weil Politik für sie keine Ergebnisse bringt. Auch deshalb bedarf es einer fairen Verteilung des wirtschaftlichen Wohlstands.

Individualisierung lockert die gesellschaftliche Basis und die Gestaltungskraft der Institutionen und konfrontiert sie gleichzeitig mit Reformnotwendigkeiten wie ökologisch-solidarische Umsteuerung der Wirtschaft, internationale Integration und umfassende Gleichstellung, die die Institutionen ohne grundlegende Reform nicht bewältigen können. Damit sind die demokratischen Standards von mehreren Seiten bedroht, wenn es nicht gelingt, zu einer fairen Verteilung der Chancen und Risiken sowie der Kosten der anstehenden Reformen zu kommen. Voraussetzung ist die Erneuerung der Solidarität zwischen allen Gesellschaftsmitgliedern und damit die Rückgewinnung der Integrationsfähigkeit der Gesellschaft.

Das ökologisch-solidarische Reformprojekt soll die Integrationskraft des Wohlfahrtsstaates erneuern und mit den Erfordernissen der ökologischen Reform verbinden. Dabei gilt es, die verschiedenen Funktionen des Modells intelligent weiterzuentwickeln: Soziale Integration und Förderung der unmittelbaren und spontanen Formen der Solidarität der Individuen, ökonomische Reproduktion von Arbeit und Natur sowie Sicherung der Konsensfähigkeit der gesamten Bevölkerung, Akzeptanzsicherung ökologischer Rahmensetzungen, Sicherung der materiellen und institutionellen Voraussetzungen allgemeiner Beteiligungsmöglichkeiten auf der Basis einer grundlegend egalitären und sozialstaatlich garantierten Verteilung des gesellschaftlichen Reichtums und gesellschaftlicher Chancen.

Im Berliner Programm der SPD ist die zukunftsorientierte Erweiterung des demokratischen Integrationsmodells im Rahmen einer ökologisch-solidarischen Gesellschaftsreform angelegt. Deren Basis liegt im ausdrücklich über Politik in den Verfassungsinstitutionen hinausgreifenden, gesellschaftlichen Politikverständnis des Berliner Programms und dem Angebot der SPD an die neuen und alten sozialen Bewegungen für ein Reformbündnis, um gemeinsam Lebenswelt und Arbeitswelt zu verändern. Die SPD beschreibt in ihrem Programm die Instrumente, durch die Bürgerengagement und institutioneller Entscheidungsweg untereinander verknüpft werden können. Zwei Prinzipien, das Prinzip der institutionellen Öffnung und das Prinzip des Bürgerdialogs sind die Grundlage des demokratischen Integrationsmodells der SPD. Die Willensbildung im parlamentarischen Entscheidungsprozeß muß den Bürgerinnen und Bürgern geöffnet werden. Zur Ergänzung des institutionellen Entscheidungsprozesses benennt sie die Instrumente: Zentrale Bedeutung kommt dem Bürgerdialog zu, mit dem auf den jeweiligen Politikebene die Akteure miteinander ihre Positionen für den politischen Entscheidungsprozeß aus der Analyse ihrer Interessen heraus entwickeln können. Eng verknüpft mit dem Instrument des Bürgerdialogs sind Informationsrechte und die Ausweitung der Beteiligungsrechte, wie die Verbandsklage und das Petitionsrecht als politisches Beteiligungsrecht. Im Produktionsprozess werden die Mitbestimmungs- und Mitwirkungsrechte erweitert und die Entwicklung des Gesundheitsschutzes, der Produktgestaltung und der Produktqualität einbezogen.

Für die Erweiterung des parlamentarischen Entscheidungsprozesses fordert die SPD ein dreistufiges Verfahren der Volksgesetzgebung: Volksinitiative, Volksbegehren und Volksentscheid mit jeweils hohen Einstiegsquoren an erforderlichen Unterschriften für die beiden ersten Stufen. Die SPD hat im Herbst 1993 auf dem Wiesbadener Parteitag mit ihren Organisationsbeschlüssen zur Beteiligung von Nichtmitgliedern an dem Entscheidungs- und Willensbildungsprozeß der SPD, der Einführung von Mitgliederbegehren und Mitgliederentscheid und der Urwahl des Vorsitzenden auch innerparteilich die Voraussetzungen für diesen Weg geschaffen.

Die Unverzichtbarkeit des Ausbaus der Beteiligungs- und Entscheidungsrechte der Bürgerinnen und Bürger begründet sich aus der Notwendigkeit, daß das auf die Tagesordnung der politischen Entscheidungsträger kommt, was zur Entscheidung für die ökologisch-solidarische Gestaltung der Wirtschaft und Gesellschaft ansteht. Haben wir die Kraft zur demokratischen Gestaltung der Zukunft oder werden wir zu autoritären Anpassungen gezwungen werden, weil das, was getan werden muß, nicht getan wird? Eine durchgreifende ökologische Reform der Industriegesellschaften und der Systeme von Produktivität und Mobilität setzt die Wiedergewinnung politischer Handlungsfähigkeit und das Zusammenführen der Artikulation von Bürgerwillen und politischer Durchsetzung voraus.

In den hocharbeitsteiligen Industriegesellschaften wird politisches Handeln immer mehr zur Erfolglosigkeit verurteilt, wenn es die Formulierung und Umsetzung zukunftsweisender Handlungskonzepte allein oder in erster Linie auf zentralstaatliche Instanzen konzentriert. Der Grad der Arbeitsteilung und die Eigendynamik gesellschaftlicher Teilsysteme haben den Spielraum der politischen Entscheidungsträger verringert, um allein durch Vorgaben und Eingriffe von außen die gesellschaftliche Entwicklung steuern zu können. Deshalb müssen die Vorgaben in Richtung einer sozialen und ökologischen Entwicklung auch zum Inhalt tagtäglicher Entscheidungen innerhalb der Teilsysteme selber werden. Die Entscheidungen der Teilsysteme müssen auf ihre Kompatibilität mit der gesamtgesellschaftlichen Richtungsentscheidung geprüft werden.

Die Aufgabe der politischen Parteien, die unterschiedlichen Werte und Interessen handlungsorientiert in den politischen Entscheidungsprozeß zu integrieren, wird in dem Maße nicht erfüllt, wie die Konkurrenz um Wählerstimmen und Macht dazu verleitet, sich an den Zeitspannen der nur kurzen Legislaturperioden statt an der Notwendigkeit wirksamer Maßnahmen zur Beseitigung von Ursachen und Folgen sozialer und ökologischer Fehlentwicklungen zu orientieren.

Die Zahl der Bürgerinnen und Bürger nimmt ständig zu, die sich deshalb außerhalb der Parteien engagieren, um ihre Unzufriedenheit mit dem Leistungsversagen der Politik zu zeigen und um zu versuchen, wirksamer die Interessen und Werte gerade im Bereich des Schutzes der natürlichen Lebensgrundlagen zu vertreten. Sie streben einen grundlegenden Kurswechsel der Politik an. Sie leiden darunter, daß die Analysen und die daraus abgeleiteten Vorschläge zur Reform vorliegen, aber die Bereitschaft fehlt, das zu tun, was als notwendig erkannt ist. Daraus speist sich der Vertrauensverlust der offiziellen Politik und der Institutionen und Organisationen. Deshalb ist ein erneuter Anlauf zum „Mehr Demokratie wagen" notwendig.

Soziale und ökologische Gestaltung braucht veränderte Politikformen, neue Wege politischer Entscheidungsfindung und Durchsetzung. Es bedarf eines gesellschaftlichen Klimas der Beteiligung und des Dialogs auf allen Ebenen und der Instrumente, Ergebnisse solchen Dialogs auf die politische

Tagesordnung zu setzen, auch wenn mächtige gesellschaftliche und politische Interessen dem entgegenstehen und die Medien sich den Forderungen in ihrer Berichterstattung entziehen. Die erste Forderung des „Mehr Demokratie wagen II" heißt: mehr Kommunikation wagen. In offenen, aufgabenbezogenen Bürgerdialogen können die Bürgerinnen und Bürger, die am entschiedensten auf Veränderungen drängen, an der Bestandsaufnahme des heutigen Zustands und an der Ausformulierung unmittelbar beteiligt werden. Bürgerforen dienen zugleich der Zusammenführung lebensweltlicher Einzelinteressen mit gesamtgesellschaftlichen Handlungsnotwendigkeiten. Dialogformen zwischen Vertretern der gesellschaftlichen Teilbereiche - Wissenschaft, Wirtschaft, Gewerkschaften, Publizistik, Politik, Forschung, Kirchen, Initiativen - dienen der Konsensfindung und der Verständigung über die Aufgaben und Instrumente einer Politik sozialer und ökologischer Reformen.

Diese Formen des Dialogs haben den Vorzug, daß sie die direkt Betroffenen und die Akteure in Politik und Gesellschaft zusammenbringen. Sie gewinnen dadurch auf beiden Seiten Realitätsnähe und motivieren zum gemeinsamen Handeln. Sie sind die Alternative zur verdeckten Interessenvertretung mächtiger „Lobbyisten" in den Institutionen einerseits und der oft an den Schranken der Institutionen endenden Proteste der sozialen Bewegungen andererseits.

Interessenartikulation erfordert die öffentliche Auseinandersetzung und Chancengleichheit im Entscheidungsprozeß. Hier setzen die erweiterten Möglichkeiten des Petitionsrechts und der Volksinitiative, des Volksbegehrens und des Volksentscheids an. Das erweiterte Petitionsrecht soll Massenpetitionen mit mehr als 50.000 Unterstützern direkte Beratung im Bundestag sichern und damit das Anliegen öffentlich machen. Volksinitiativen, Volksbegehren, Volksentscheid sollen das Volk direkt entscheiden lassen, wenn die Unterstützung des Anliegens die Hürde des Quorums übersteigt. Viele halten ein hohes Quorum für problematisch. Allerdings gewinnt die Überschreitung des Quorums ihre Bedeutung daraus, daß in der Gesellschaft ein Überzeugungsprozeß und eine Diskussion mit den Gegnern der Initiative in Gang gesetzt wird, der das Thema zwingend zum Gegenstand öffentlicher Auseinandersetzung macht und geeignet ist, eventuelle Mediensperren zu überwinden. Damit erhält die Diskussion ein Gewicht, das gesellschaftsintegrierend zu wirken vermag. Erfahrungen mit Plebisziten zeigen, daß unabhängig vom Ausgang des Volksentscheids auch innerhalb der Parteien und Parlamente die Gegenstände der Initiative auf die Tagesordnung kommen und die Diskussion um die Forderung des Volksentscheids die innerinstitutionelle Willensbildung beeinflußt und so Reformen den Boden bereitet.

Das Projekt der ökologisch-solidarischen Reformen bedarf der Beteiligung der Bürgerinnen und Bürger als Subjekte. Vor scheindemokratischen Vorschlägen wie der Bürgerbefragung muß dringend gewarnt werden. Hier liegt das Initiativrecht in den Institutionen und birgt stets die Gefahr, demographische Momentaufnahmen des Bewußtseins der Bevölkerung zur Legitimationssteigerung populistisch bestätigen zu lassen. Das Thema wird nicht von der Bevölkerung auf die Tagesordnung gesetzt und auch nicht entschieden. Im beschriebenen Beteiligungsmodell haben die Bürgerinnen und Bürger selbst die Kompetenz, sich mit ihrer Sache in den Entscheidungsprozeß einzubringen. Haben Befragungen immer eine affirmative Komponente, so haben Kompetenzänderungen und Kompetenzdelegationen auch Veränderungen bei den bisher alleinigen Kompetenzträgern zur Folge.

„Mehr Demokratie wagen" ist unverzichtbarer Bestandteil der grundlegenden Richtungsänderung der Politik, die zur Verwirklichung des ökologischen und solidarischen Zukunftsprojektes ansteht.

Die AutorInnen

Elmar Altvater, geb. 1938, Professor am Fachbereich Politische Wissenschaft der FU Berlin

Karin Benz-Overhage, geb. 1942, Chemielaborantin, mehrjährige Tätigkeit als Lehrerin in der gewerkschaftlichen Bildungsarbeit, Studium der Sozial- und Wirtschaftswissenschaften, mehrjährige Forschungstätigkeit im Bereich Technikfolgenabschätzung/Humanisierung der Arbeit, seit 1986 geschäftsführendes Vorstandsmitglied der IG-Metall

Arno Brandt, Wirtschaftswissenschaftler, SPD-Ortsvereinsvorsitzender Hannover-Linden

Edelgard Bulmahn, geb. 1951, Studienrätin a. D., Mitglied der GEW, Mitglied in den wissenschaftlichen Kuratorien ÖKO-Institut und IFIAS, SPD-Bundestagsabgeordnete, Mitglied im SPD-Parteivorstand

Wolfgang Jüttner, geb. 1948, Soziologe M.A., langjährige Tätigkeit in der Erwachsenenbildung, seit 1986 SPD-Landtagsabgeordneter in Niedersachsen, SPD-Bezirksvorsitzender Hannover

Uwe Kremer, geb. 1956, Sozialwissenschaftler, Verantwortlicher Redakteur der spw

Ernest Mandel, geb. 1923, emeritierter Professor an der Vrije Universiteit Brussel, 1945-1962 Mitglied der wirtschaftspolitischen Kommission des belgischen Gewerkschaftsbundes ABVV-FGTB, langjähriges Führungsmitglied der IV. Internationale und ihrer belgischen Sektion, Verfasser zahlreicher und in viele Sprachen übersetzter Bücher, z.B. „Marxistische Wirtschaftspolitik", „Der Spätkapitalismus", „Die langen Wellen der kapitalistischen Entwicklung", „Die Bedeutung des II. Weltkrieges mit einem Anhang zum Historikerstreit", „Trotzki als Alternative", „Macht uns Geld"

Jakob Moneta, geb. 1914, aus Deutschland emigriert 1933, Rückkehr nach Deutschland 1948, seit 1962 bei der IG-Metall in Frankfurt u.a. Chefredakteur von „metall" und „Gewerkschafter", 1990 aus der SPD ausgeschlossen, Mitglied im PDS-Parteivorstand

Oskar Negt, geb. 1934, seit 1970 Professor für Politische Wissenschaften an der Universität Hannover, zahlreiche Veröffentlichungen, z.B. "Soziologische Phantasie und exemplarisches Lernen" 1968, (Hg. m. Alexander Kluge) "Öffentlichkeit und Erfahrung" 1972, "Modernisierung im Zeichen des Drachen" 1989, "Unbotmäßige Zeitgenossen. Annäherungen und Erinnerungen" 1994

Horst Peter, geb. 1937, Studiendirektor a.D., seit 1980 SPD-Bundestagsabgeordneter, seit 1988 Bundesvorsitzender der Arbeitsgemeinschaft der SPD im Gesundheitswesen (AGS), Mitglied des Beirates der Bundesarbeitsgemeinschaft der Schuldnerberatungsstellen, langjähriger Koordinator des „Frankfurter Kreises" der Partei-Linken

Joachim Raschke, geb. 1938, Professor am Institut für Politische Wissenschaft der Universität Hamburg. Zahlreiche Veröffentlichungen zum sozialen und politischen Wandel, zu Parteien und Bewegungen. Zuletzt: „Die Grünen. Wie sie wurden, was sie sind", Köln 1993 und „Rudolf Scharping, die SPD und die Macht", Reinbek 1994 zusammen mit Thomas Leif.

Helmut Schauer, geb. 1937, Mechaniker, 1964-66 Bundesvorsitzender des SDS, 1973-74 Dramaturg am „Theater am Turm" In Frankfurt, 1975-82 Mitarbeiter am Soziologischen Forschungsinstitut SOFI in Göttingen, 1982 Promotion zum Dr. phil. disc., seit 1982 Sachbearbeiter der Abteilung Tarifpolitik beim Vorstand der IG Metall

Hermann Scheer, geb. 1944, SPD-Bundestagsabgeordneter seit 1980, Mitglied im SPD-Parteivorstand, Präsident der Europäischen Sonnenenergievereinigung EUROSOLAR

Jürgen Seifert, geb. 1928, Jurist und Politikwissenschaftler, lehrt als emeritierter Professor an der Universität Hannover. Veröffentlichungen v.a. zur Verfassungs-, Rechts- und „Sicherheits"-Politik; Mitherausgeber der „Freundesgabe" 1989 für Peter von Oertzen „Soziale oder sozialistische Demokratie? Beiträge zur Geschichte der Linken in der Bundesrepublik"

Wolfgang Thierse, geb. 1943, Kulturwissenschaftler, SPD-Bundestagsabgeordneter, Stellvertretender SPD-Partei- und Fraktionsvorsitzender

Michael Vester, geb. 1939, Professor für Politische Wissenschaft an der Universität Hannover, Sprecher des Forschungsverbundes Interdisziplinäre Sozialstrukturforschung der Universitäten Hannover und Oldenburg, Buchveröffentlichungen u.a.: Die Entstehung des Proletariats als Lernprozeß, Die Frühsozialisten, I u.II,(Hg.) E.P. Thompson, Das Elend der Theorie, (Hg.), Unterentwicklung und Selbsthilfe in den europäischen Regionen, (m. P.v. Oertzen, H. Geiling, TH. Hermann, D. Müller) Soziale Milieus im gesellschaftlichen Strukturwandel, (Hg. m. M. Hofmann, I. Zierke) Soziale Milieus in Ostdeutschland, 1994 (i.E.)

Ludger Volmer, geb. 1952, Diplom-Sozialwissenschaftler, Gründungsmitglied der GRÜNEN, 1985-90 Bundestagsabgeordneter, seit 1993 Bundesvorstandssprecher von Bündnis 90/DIE GRÜNEN

Thomas Westphal, geb. 1967, Diplom-Volkswirt, JUSO-Bundesvorsitzender

Heidemarie Wieczorek-Zeul, geb. 1942, Lehrerin a.D., 1974-77 Juso-Bundesvorsitzende, seit 1988 SPD-Bezirksvorsitzende Hessen-Süd, seit 1987 SPD-Bundestagsabgeordnete, Europapolitische Sprecherin der SPD-Bundestagsfraktion, stellvertretende SPD-Parteivorsitzende

Frieder Otto Wolf, geb 1943, FU Berlin, Redakteur bei „PROKLA", „Moderne Zeiten" und „Das Argument", Europa-Abgeordneter von Bündnis 90/DIE GRÜNEN, Mitbegründer des „Babalsberger Kreises" in den Bündnisgrünen, zahlreiche Veröffentlichungen, u.a. „Grünes und alternatives Jahrbuch „, „Für eine grüne Alternative in Europa"

Zwischen Rätesozialismus und Reformprojekt

Lesebuch zum
70. Geburtstag von
Peter von Oertzen

Kein Sozialdemok[rat hat in der] Nachkriegszeit fü[r die Linke] innerhalb und auß[erhalb der SPD eine] bedeutsame Rolle [gespielt wie Peter von] Oertzen. Zwischen [rätedemokratischen] Zielen, reformerischer Regierungspolitik, Neuer Linker und innersozialdemokratischer Strategiediskussion, vom Godesberger bis zum Berliner Programm der SPD - Peter von Oertzen hat sich streitbar eingemischt, eckt an und bietet Bezugspunkte.

Zu seinem 70. Geburtstag würdigen politische und wissenschaftlichen WegbegleiterInnen Peter von Oertzens Beitrag zu Theorie und Praxis der sozialistischen Linken und nutzen dies zu Retrospektive und Perspektivdiskussion.

Aus dem Inhalt:

Peter von Oertzen und die Linke
Linkssozialismus und Sozialdemokratie
Westdeutsche Linke und „Realsozialismus"
Demokratischer Sozialismus nach '89
Reformismus und seine Kritiker
Zukunft der ArbeiterInnenbewegung
Gesellschaftlicher Strukturwandel
Ökologisch-solidarischer Umbau
Rotgrün?

Mit Beiträgen von:

Ernest Mandel, Jakob Moneta,
Jürgen Seifert, Wolfgang Jüttner,
Arno Brandt, Oskar Negt, Wolfgang Thierse,
Uwe Kremer, Frieder Otto Wolf,
Joachim Raschke, Michael Vester,
Ludger Volmer, Heidemarie Wieczorek-Zeul,
Thomas Westphal, Edelgard Bulmahn,
Hermann Scheer, Elmar Altvater, Horst Pete[r]

ISBN 3-922489-17-6   Preis: DM 25,–